本书编写组 /著

（第一辑）

凤凰人才风采录

凤栖的空间

经济日报 出版社

图书在版编目（CIP）数据

凤栖朝阳：凤凰人才风采录 . 第一辑 / 本书编写组
著 .—北京：经济日报出版社，2022.5
ISBN 978-7-5196-1077-7

Ⅰ . ①凤… Ⅱ . ①本… Ⅲ . ①人才—先进事迹—中国
—现代 Ⅳ . ① K820.7

中国版本图书馆 CIP 数据核字（2022）第 060403 号

凤栖朝阳：凤凰人才风采录 . 第一辑

著　　者	本书编写组
责任编辑	门　睿
责任校对	范继义
出版发行	经济日报出版社
地　　址	北京市西城区白纸坊东街 2 号 A 座综合楼 710（邮政编码：100054）
电　　话	010–63567684（总编室）
	010–63584556（财经编辑部）
	010–63567687（企业与企业家史编辑部）
	010–63567683（经济与管理学术编辑部）
	010–63538621　63567692（发行部）
网　　址	www.edpbook.com.cn
E – mail	edpbook@126.com
经　　销	全国新华书店
印　　刷	廊坊市海涛印刷有限公司
开　　本	710×1000 毫米　1/16
印　　张	9.5
字　　数	115 千字
版　　次	2022 年 5 月第一版
印　　次	2022 年 5 月第一次印刷
书　　号	ISBN 978-7-5196-1077-7
定　　价	48.00 元

序

>>>>>>>

"国家发展靠人才，民族振兴靠人才。"在 2021 年的中央人才工作会议上，习近平总书记发表重要讲话，从党和国家事业发展全局的高度，为做好新时代人才工作指明了前进方向，提供了根本遵循。"坚持党管人才，坚持面向世界科技前沿、面向经济主战场、面向国家重大需求、面向人民生命健康，深入实施新时代人才强国战略……"

功以才成，业以才兴。2021 年是中国共产党成立 100 周年，一部中国共产党的奋斗史，就是一部集聚人才、团结人才、造就人才、壮大人才的历史。立志"到延安去"的艾思奇、丁玲、冼星海……冲破阻挠坚持回到新中国的钱学森、邓稼先……燃尽一生，打开中国天眼的南仁东，将"振兴中华乃吾辈之责"刻在骨子里、为填补"巡天探地潜海"多项技术空白而鞠躬尽瘁的黄大年……无数耀眼的名字，也将载入中国共产党革命、建设、改革的壮阔历史篇章中。

人才兴则国兴，人才强则国强。习总书记说："我们比历史上任何时期都更加接近实现中华民族伟大复兴的宏伟目标，也比历史上任何时期都更加渴求人才。"当前我们做好人才事业的顶层设计和战略谋划，要大力"招才引智"，"要大兴识才、爱才、敬才、用才之风"，加快建设世界重要人才中心和创新高地，坚定不移地走人才强国之路。

栽好梧桐树，引来凤凰栖。党的十八大以来，北京市朝阳区的人才工作，历经十余年的耕耘，用快速发展的实例和有目共睹的成绩证明了产才融合、人才引领发展的正确方向。在党管人才的原则下，朝阳区人才工作体系更加健全，管理机制不断优化，政策体系更加完善，工作合力显著增强；人才资源加速聚集，人才效能显著提升，人才发展环境更加优化。我们深刻认识到，要建设人才强区，就要在引人、育人、用人各个环节上下功夫、见真招。

人才发展，规划先行。《北京市朝阳区中长期人才发展规划纲要》《北京市朝阳区"十三五"时期人才发展规划》《加快建设具有国际影响力的人才集聚高地五年行动计划》等纲领性文件的出台，还有"凤凰计划"、国际高端商务人才评审等人才计划的实施，吸引了一大批国际科技组织、国际智库、世界级顶尖人才和创业团队等高端要素资源落户朝阳。

硬柴烧旺火，旺火需硬柴。"招才引智"不能只"招"，要把"才"融进朝阳经济社会发展的熔炉。我们围绕主导产业集群壮大升级，依托CBD、奥运、中关村朝阳园、国家文创实验区等重点功能区，完善人才创新创业生态系统。下好产业集群壮大升级这盘棋，人才与产业、企业三者联动发展，给凤凰起舞提供了理想空间。

十年树木，百年树人。我们通过创投集聚区、未来论坛、OTEC（海外人才创业大会）等创新人才发展平台，为全球创新创业人才提供发展的土壤。"凤凰学院"则担起了培养培育的重任，成为无数创业者实现梦想的摇篮，他们在这里成长，亦在这里飞翔。

环境好则人才聚、事业兴。我们深刻地认识到，良好的人才环境是一笔巨大的无形资产。近年来，外国人出入境服务大厅、国际人才一站式服务平台纷纷建成并投入使用，各项高效便捷的政务服务为无数人才送去了福利。国际人才社区建设也卓有成效，国际学校、人才公寓等基础设施给了人才最安心的保障，望京小街、丽都商圈等国际化特色街区让人流连忘返……

十余年的发展，朝阳区集聚了大批优秀人才，他们是企业中的标杆，也是业界的榜样，更是朝阳区经济社会发展的排头兵。他们或是世界 500 强企业的中坚力量，肩负着大企业的重任与担当；或是高新初创企业的新锐领袖，书写着新时代的传奇与浩荡；或是科研领域的学科带头人，攻坚学术难题，提升人民福祉；或是文娱界的先锋旗帜，将"文化自信"发扬光大……而朝阳区的国际化环境、优越的投资环境和浓厚的商务氛围，又为各界人才特别是高层次人才的发展提供了广阔空间。朝阳郁郁葱葱的桐林，飞舞着成群的凤凰：零点有数董事长袁岳，创新创业在朝阳；原科锐国际总裁郭鑫，将国际人力资源咨询服务的先进经验带到朝阳；北京汇丰盛和总经理王慧超，不折不扣的"朝阳区优秀党务工作者"；时代凌宇董事长黄孝斌，在朝阳开创物联网应用一片天……每一个名字，每一份成功，背后都是一段培养人才、支持人才、服务人才的故事。

我们这班朝阳区人才事业的服务员，不揣浅陋，把我们熟知的凤栖朝阳的故事，结集成册，奉献给各地同仁，盼给您的工作带来助益，齐心协力，共同推动人才事业快上层楼。凤凰鸣矣，于彼高冈；梧桐生矣，于彼朝阳。致力于用"最好的生态服务最顶尖人才"的朝阳人才工作，已奏响新时期的篇章，期待您的加入！

本书编写组

目 录
CONTENTS

　　朝阳建区 60 余年，尤其是改革开放 40 多年以来，从一个农业区、工业区发展到服务业大区，成为北京市的经济强区和对外交往的重要窗口。改革开放以前，朝阳区是全市的"菜篮子""米袋子"以及五大工业基地之所在，如今在新版北京城市总体规划中，朝阳区被赋予了"国际一流的商务中心区、国际科技文化体育交流区、各类国际化社区的承载地、创新引领的首都文化窗口区、大尺度生态环境建设示范区、高水平城市化综合改革先行区"的功能定位。

　　乘势而上，再谱新篇。随着"国家服务业扩大开放综合示范区和北京自由贸易试验区"两区建设的推进，朝阳区紧抓机遇，以 CBD 中心区、金盏国际合作服务区两个重点功能区为主阵地，加大招商推介力度，为人才和企业发展提供优渥的土壤。在"两区"政策叠加和营商环境持续优化的双重作用下，朝阳区商务服务业发展势头良好。目前，朝阳区内纳税贡献过亿元楼宇达 126 座，截至 2021 年 9 月，CBD 功能区的税收贡献已达全市的 8.3%，是北京市经济发展的稳定器。高楼林立的北京 CBD，是首都现代化和国际化大都市风貌的集中展现区域，在 2020 年的《全球商务区吸引力报告》中，北京 CBD 超过了新加坡与芝加哥，在全球排名第七、亚洲第二，蝉联中国第一。CBD 区域拥有外商投资企业 2500 余家、世界 500 强企业 160 余家、跨国公司地区总部 55 家，聚集了北京市 70% 以上的超甲级写字楼。此外，还汇聚了德勤、普华永道、波士顿等 6 家位列世界前十的咨询公司、律师事务所，40 家百强品牌人力资源服务机构，200 余家世界级高端商务服务业企业。

　　千秋基业，人才为先。朝阳区商业发展集约高效、富有国际竞争力，这得益于朝阳区数量庞大的商务人才队伍。正是他们以较高的专业素养、熟练的市场经验和广泛的国际资源，推进传统商业企业数字化、智能化改造和跨界融合，造就了一批具有全球竞争力的现代商企。未来，朝阳区还将继续以服务国家重大战略为出发点，强化重点领域人才定向引入，优化与产业布局相匹配的人才结构，构筑起商务经济新优势。

袁岳 / 逐梦朝阳勇争先

《朝阳报》记者　马宇晗

袁岳，1965 年出生，中共党员，零点有数董事长、飞马旅联合创始人、朝阳区海外高层次人才协会会长、"凤凰大使"、"青年创业导师"……自 1992 年在朝阳"下海"后，袁岳不仅扩张了可观的商业版图，还以"创业领袖"和"反哺者"的身份，助力青年一代创新创业，逐梦成才。

◆ 创新创业在朝阳

袁岳的创业之路是从朝阳开始的。1992 年，27 岁的袁岳辞去公职，以稿费为主要起步资本创办了零点调查，公司地点就设在朝阳区。

从最初的左家庄到太阳宫，再到麦子店，以及今天的酒仙桥……随着公司的发展，零点数易办公地点。"这么多年，我们一直没离开过朝阳。"袁岳说，这是因为朝阳区有着得天独厚的优势，比如交通便利、开放包容、政务环境规范、国际化程度高，是创业者乐于集聚的地方。

"我的梦想就是做源自中国基于数据的前沿决策分析公司。"袁岳说。零点数据的获取方式从最初的面访到电话访问，再到后来的在线调研和多源数据整合；数据分析从最初的模型到现在的算法集成；主营服务从调研数据走向智能化的数据应用服务。每五年进行一次业务的升级转型，在信息化、数字化、知识化的浪潮之下，零点调查与时俱进、走在人先。

如今，袁岳所领导的零点调查已发展成拥有员工近千人的零点有数，客户涵盖重要党政部门、规模企业与社会组织，数据覆盖面扩至全球 90 个国家和地区，是目前中国前沿的专业知识服务机构，并成为中国数据应用服务的一个符号性存在。

◆ 服务社会显担当

人才是第一资源。为打造具有国际影响力的人才集聚高地，朝阳区推出了"凤凰计划"，积极构建人才"引用育留"全链条服务体系，为人才的落地和发展提供沃土。

创立零点，使其成为著名专业研究咨询机构，并出版 40 多部管理学、社会学、法学等方面论著的袁岳，2011 年被认定为朝阳区创业类高层次人才。

"'凤凰计划'给予的，不仅是补贴性的奖励，更多的是建立起了人才与政府、人才与人才、企业与企业之间的链接。"袁岳表示，朝阳区为人才搭建了展示、交流、互助等多种平台，鼓励人才创新创业，助力企业发展腾飞。朝阳之于人才，不仅是地理概念，也是更深层次的情感和心理链接，让人才在社会中找到了"家"。

在零点，除了袁岳，CEO 张军和公共事务系统总经理闫晶也先后被认定为朝阳区国际高端商务人才。

身为企业带头人，袁岳同时在用自己的方式履行社会责任，反哺社会。多年来，零点持续关注社会重要热点、政策前沿问题，针对新冠疫情防控、艾滋病防治、农民工城市融入、年轻一代的社会服务能力、社会治安安全感等课题进行专项调研，形成公益性研究成果，为决策者提供重要参考，形成了广泛的社会影响力。

"中国需要更为扩展的数据智能化决策支持机构，我们应该成为这样的专业贡献者与超越者，为国家、为社会贡献力量。"袁岳说。

◆ 热心公益聚人才

袁岳是个爱才的公益达人。他先后担任了朝阳区海外高层次人才协会会长、朝阳海外学人俱乐部主席、朝阳区"凤凰大使"等多个职务，广泛宣传朝阳区的人才政策，为朝阳区人才引进工作提出建议，吸引各类国际化人才和资源汇聚朝阳，组织各类人才交流活动等。

"我就是爱张罗，有一颗服务的心。我们要用好朝阳区各类资源优势，发挥群体效应，让人才尽快找到组织，并在组织的帮助下拥有更广阔的发展空间。"袁岳说。

袁岳还是知名的"青年创业导师"。2010 年，他发起了零点青年公益黑苹果项目，致力于引导和推动大学生和年轻白领参与社会实践服务。2011 年，袁岳又与其他企业家发起成立了创业管理服务机构——飞马旅，聚焦初创型项目的投资、孵化与辅导。

2013 年，在飞马旅、真格基金等专业机构的支持下，朝阳区启动了享誉海内外的海外人才创业大会，它是朝阳区精心打造的服务海外人才创新创业的一站式平台，至今已吸引了全球 39 个国家和地区的 35600 多名创业者、6000 多个项目，百余位创投机构领袖深度参与。

"人才工作，本质上是一个生态工程，它给了人才适宜落地、成长、发展的环境。"袁岳认为，既有分层分类的人才吸引政策，又有多元、开放、包容的人才集聚氛围，还有国际一流的创新创业生态，朝阳日益繁茂的梧桐林必将引更多凤来栖，也将实现更高质量的发展。

◇ 后 记

袁岳说，创业就是件不破不立的事，创业一定是超前的，是站在时代前沿的。创业于袁岳而言，是激情和梦想，而帮助更多的人创新创业，则是人生的使命与责任。30 年的创新创业之路，让他与朝阳结下了不解之缘。他是这里成长起来的"凤凰"，如今，他发挥专业和资源优势，将更好地反哺朝阳，助力朝阳打造良好的创新创业生态。

· 朝阳区海外高层次人才协会 ·

"朝阳区海外高层次人才协会"前身为"朝阳海外学人俱乐部"。朝阳海外学人俱乐部成立于2010年6月18日，2017年12月，在朝阳区民政局正式注册为社会团体，社团名称为"北京市朝阳区海外高层次人才协会"。协会立足于汇聚在朝阳区工作和创业的优秀海外人才，以"携手海外精英人才，共创朝阳美好未来"为宗旨。先后成立了建言献策委员会、人力资源工作委员会、海归青年创新创业委员会、新女性工作委员会、公益服务中心等专业委员会，为会员之间分享成功经验，共享生活乐趣，搭建了一个交流互动、理念传播和互助服务的平台。

· 凤凰计划 ·

"凤凰计划"高层次人才认定支持工作是朝阳区实施的重大人才工程，坚持党管人才、统筹实施，高端引领、分类施策，以人为本的原则，面向科技创新、商务服务、国际金融、文化创意、医疗教育等领域的高层次人才，提供专项资助、培养培育、创新创业支持、服务保障等多维度、全方位、全链条的政策支持。10年来，共计认定海外高层次人才532人，资助了361家优秀海外学人初创企业、16支人才团队，以及130家引进了海外学人的企事业单位，引进海外硕士研究生2183名、海外博士研究生237名，累计兑现政策资金近2亿元。

郭鑫 ╱ 深耕朝阳"猎"人才

《朝阳报》记者　赵慧慧

> 郭鑫，生于 1960 年。毕业于北京航空航天大学并获得机械工程学士及系统工程硕士学位，而后赴美深造，获得旧金山大学工商管理硕士学位。曾任 A 股首家人力资源上市公司——北京科锐国际人力资源股份有限公司总裁、首席执行官、海外运营总裁等职务。在他的带领下，科锐国际的业务发展打开了新篇章，为中国企业引入了众多优秀人才。

◆ 重回祖国　加入本土企业

2011 年，对于郭鑫来说不同寻常。这一年 8 月，在国外生活、工作多年的他，回到了祖国的怀抱，并加入了中国本土企业——北京科锐国际人力资源股份有限公司，担任总裁一职。

郭鑫说："我是土生土长的中国人，能回国工作，一直是我的梦想，我也很看好科锐国际的发展前景。从入职那天起，我便下定决心，要充分发挥自身优势，将国际人力资源咨询服务的先进经验与服务理念带到国内企业，积极推进国际化业务以及本土企业国际化进程领域的发展，将科锐国际打造成亚太乃至全球市场的顶尖人力资源服务品牌。"

在郭鑫的带领下，科锐国际成为国内人力资源行业首家 A 股上市公司，并在国外设立了 110 余家分支机构，拥有 2600 余名专业招聘顾问，在超过 20 个行业及领域为国内外企业提供中高端人才访寻、招聘流程外包、灵活用工、招聘培训等解决方案。

◆ 全力以赴加快"走出去"步伐

经济全球化趋势不可阻挡，中国企业的全球化步伐也在加快。中国企业如何"走出去"？"走出去"最大的挑战是什么？在郭鑫看来，这都关乎人才：人才管理、人才获取、人才保留、人才激励。

到科锐国际十余年来，郭鑫和董事会在带领企业通过自建、收并购拓展海外分支机构，实现自身企业国际化布局的同时，还支持、帮助国内企业获取全球人才竞争优势。他说："我们公司的国际化步伐和国内的企业基本上是同步的。公司制订的规划中很重要的一条就是'走出去'——跟着中国企业一起走出国门，提升企业的整体竞争力。"

然而，"走出去"并非易事，特别是在海外进行招聘，企业人生地不熟，需要专业的人力资源公司提供帮助。"曾经，有一家中国企业计划在海外的 7 座城市建立 50 余家销售网点，需要在 4 个月内招聘 200 余名促销员。我们接到这个任务时可谓时间紧、任务重。"郭鑫回忆，为了帮助企业如期实现规划，尽早打开国际市场，他立即安排成立项目组，一个多月内举办 12 场招聘会，面试 800 余人，并建立宣传站点，提高该企业的海外知名度。同时还通过专业技能培训提升促销员的业绩，增强员工的稳定性。据后来统计，这些促销员中有 80% 以上业绩优秀。

◆ 凤凰大使　为朝阳引智出力

2012 年，郭鑫获得"凤凰计划"工作类海外高层次人才荣誉称号。2020 年，他又获聘朝阳区"凤凰大使"，承担了为朝阳区"猎人"的职责。郭鑫说，凤凰大使的称号，是荣誉，更是责任。这些年来，在助力企业"走出去"的同时，他也积极地将各类合适的人才推荐给中国的企业，推荐给朝阳。

"特别是最近几年，越来越多的外籍人才以及留学人员愿意来到中国发展，这得益于我国吸引人才的种种举措。在朝阳的这些年，我深深地感受到朝阳对人才的重视，可谓求贤若渴，各类便利的服务举措，良好的营商环境，优质的教育、医疗等公共设施，都在不断吸引国际人才的到来。"郭鑫深有感触地说道。

曾有一次，郭鑫帮助一家无人机制造公司在短期内从海外招聘光学领域专家。"招聘这类国际人才不是简单地打个电话、邀请面试就行的，而是要明确企业需求，在全球寻找顶尖人才。通过举办研讨会、沙龙等活动，增进人才与企业的相互了解，同时要把包括子女教育、配偶就业、养老等优惠政策——介绍给人才，解决人才移居的后顾之忧。"郭鑫介绍，经过两个多月的不懈努力，最终从国外成功引入一位相关领域的华人技术专家，这位专家对该企业的新产品研发起到了积极作用。

郭鑫介绍，他带领科锐国际在最近三年里为中国企业成功推荐海外国际化人才 3000 多人，服务大型国企央企、民营、外资科研机构 70 多家，为"一带一路"国际化人才招聘资深顾问 300 多人，覆盖近 40 个国家和地区。未来，科锐国际还将进行更多尝试，形成全球服务网络，为中国企业引入更多的优质人才。

◇ 后 记

　　人才对于经济社会发展的重要性不言而喻，从"广开进贤之路，广纳天下英才"到"人才强国战略"，人才市场也在不断开放，更加国际化，我们需要能招揽人才的人，也需要能带领中国企业在国际浪潮中乘风破浪的人，郭鑫的国际视野和经验让他成为这个行业的佼佼者。引进来和走出去，既是人才的交融，更是文化的疏通，郭鑫孜孜不倦，带着强烈的使命感，力争为本土人力资源服务打造更广阔的前景。

· 凤凰大使 ·

　　"凤凰大使"是一批具有国际化企业资源和国际化影响力的专家，他们在海内外宣传朝阳区的人才政策、产业政策和国际化创新创业环境，吸引了各类国际化创新人才和资源汇聚朝阳。在 2020 年 7 月 10 日的第八届海外人才创业大会（OTEC）启动仪式上，"凤凰大使"正式亮相！仪式正式向凤凰科创创始人熊岳达、罗盛咨询大中华区总经理程原、德勤中国副主席吴卫军、科锐国际总裁郭鑫、真格基金联合创始人王强等 9 位大使颁发了"凤凰大使"聘书，标志着朝阳区将通过"以才引才"的方式加大招才引资力度。

周星 / 逐梦笃行　暖心有爱

《朝阳报》记者　赵慧慧

　　周星，中国人民大学金融学学士，清华大学五道口金融学院货币银行学硕士，现任普华永道中国北部市场主管合伙人兼北京主管合伙人、保险业主管合伙人、多样性主管合伙人。周星还是中国保险资产管理业协会理事、中国注册会计师协会会员、北京市三八红旗奖章获得者。

◆ 挑战自我　勇敢追逐梦想

　　从小到大，周星都是一个目标明确的人。在中国人民大学金融

系就读期间，她决定继续深造，又考入清华大学五道口金融学院。在五道口金融学院学习时，她经常与同学们一起讨论国际经济形势和金融政策。这段学习经历，不仅让周星增长了专业知识，还让她拥有了独立思考的能力和勇敢追梦的勇气。

研究生毕业后，周星来到深圳，在中国人民银行深圳市中心支行工作了三年。这三年，她学到了很多知识，但是稳定的机关工作并不是周星所追求的，她更希望在市场中历练。机会总是留给有准备的人，恰逢此时，周星得到了一份来自普华永道上海分公司的审计工作，自此开启了她的逐梦人生。

在全新的工作环境中，周星从最基础的审计员做起，虽然面临着跨行后重新学习会计专业知识、学习审计技能等诸多挑战，但个人能力也在日日夜夜的奋斗中迅速提高。凭借着优秀的表现，周星被公司派去纽约工作，并在第二年被提拔为部门经理。

人生的每一段经历都是一笔宝贵的财富，凭借着在专业领域的突出表现，2015 年，周星作为财务陈述人参加了北京 2022 年冬季奥林匹克运动会申办委员会工作。在瑞士洛桑，她面对近百名国际奥委会成员，操着一口流利的外语，从容不迫地陈述了 2022 年北京冬季奥运会的财务预算，回答来自国际奥委会委员们和新闻媒体提出的各种财务预算问题，自信的神情和专业的表现给人留下了深刻的印象。

◆ 细心周到　关爱职场女性

　　如今，周星常驻普华永道北京多年。作为普华永道中国多样性主管合伙人，她一直在努力推进公司女性员工及其子女的关怀计划。

　　"职场女性其实很不容易，特别是在怀孕和生宝宝的初期阶段，初为人母，难免焦虑，为此我和我的团队想了很多解决方案。"周星

深有感触地说，公司内部专门做了一个微信公众号，邀请知名三甲医院的医生，定期在公众号上发布母婴类文章，同时开辟了线上咨询服务，为宝妈们答疑解惑。考虑到员工及子女的就医问题，公司还与医院、第三方合作，开辟紧急挂号绿色通道，从多种角度、渠道解决员工的后顾之忧。

在周星看来，女性由于怀孕、哺育等原因，可能会缩短工作时间，但这并不表示女性的工作质量和表现会下降。不同性别在同一个问题上可能会产生不同的观点、拥有不同的视角，可以帮助公司多维度思考、解决问题。为此，她从招聘阶段就引导人事部门一视同仁，并定期组织有关女性领导力的讲座和培训，帮助更多的职场女性树立信心。

此外，在公司的升职和晋升上，周星也带领公司团队做出了合理的比例配置。由于周星不断解决公司女性职工的后顾之忧，畅通晋升途径，为女性员工营造了舒适和谐的就职环境，公司的员工凝聚力随之进一步增强。

◆ 热爱朝阳　践行社会责任

"一个企业除了盈利，还应该担负起社会责任，体现社会价值。"这是周星常说的一句话。

普华永道的企业责任重点关注四个领域：负责任的商业行为、员工多样化与融合、社区参与、环境管理。"负责任的商业行为是企业的基本原则，除此之外，我们还包容和鼓励员工的多样化，支持、鼓励员工参与社区活动。"周星说。

近年来，在周星的带动下，普华永道与朝阳区残联联合建立职康站，目前共有十余位残疾人在职康站工作。"我们聘请专门的老师教残疾人朋友制作一些易学的手工。作品完成后，由普华永道购买，作为员工的生日礼物，在帮助困难群体的同时，也能向员工传递一种积极的生活态度。"周星介绍，除职康站之外，公司也招聘符合要求的残疾人，这些人不会被区别对待，拥有和其他员工一样的工作环境和晋升渠道。

"我喜欢朝阳、热爱朝阳。这里的生活环境、人才政策、商业氛围让我们很有归属感。我也希望为朝阳未来的发展贡献一份力量。"周星认真地说。

◇ 后记

　　光阴似箭，岁月流金。五道口务实严谨的学风和对金融改革的担当奠定了周星一生的广阔眼界和不断挑战的信念！保险业在中国是一个相对年轻的产业，周星在行业的耕耘和生发的能量让人不容忽视，2017 年被英国保险及再保险行业权威杂志 *Intelligent Insurer* 评选为全球"保险及再保险行业具有影响力的女性"，成为中国内地唯一的获奖代表。许多人称她为"女神"，因为她柔和的眼神中透露着淡定和干练，洋溢着激情和对事业的执着、坚韧。周星不仅实现自我、成就璀璨的人生，她的女性魅力和女性影响力，也为更多人带去了帮助和力量。

韦玮 / 优质咨询服务赋能企业发展

《朝阳报》记者　马宇晗

韦玮，男，1979 年 5 月生，江苏人，中国人民大学行政管理硕士，组织战略及人力资源转型专家，曾在多家外企任高管，现任北京市数智未来管理咨询有限公司创始人。从管理咨询到数字化转型，从人力资源经理、外企合伙人到公司创始人，韦玮深耕咨询服务领域 18 载，为客户企业提供最佳解决方案，为企业发展赋能。

◆ 深耕 18 载　成行业领军人才

2004 年，从中国人民大学行政管理专业毕业后，韦玮进入一家民

营企业，以人力资源经理的身份开启了职业生涯。一年后，顺应国际化趋势，韦玮转投外企，成为 IBM（中国）有限公司高级顾问，这一干就是 6 年。

"当时的外企，特别是世界 500 强企业是高管理水平的代表，有着一流的管理体系和高密度的人才优势、国际视野。"韦玮说，"这恰恰是很多中国本土企业所缺乏的，也是迫切需要的。"如何利用先进的管理经验、管理理念帮助中国企业、政府部门等实现自我突破、变大变强呢？经过一番实践与思考，韦玮找到了自己的职业目标和人生方向。

2011 年，韦玮成为凯捷咨询（中国）有限公司咨询总监，投身于咨询服务行业，致力于为客户解决管理、人才、绩效提升等方面的瓶颈问题，量身定做一套优秀的管理系统、发展规划，为其成长、变革升帆引航。

华为、顺丰、万达、海尔、链家、东航……进入咨询服务行业十几年，韦玮服务了 120 多家企事业单位。"这些年，看着它们一步步发展起来，有的甚至成为世界 500 强，感觉与有荣焉。"韦玮说。

韦玮也在不断的实践中逐渐成长为这一行业的佼佼者。2014—2020 年间，韦玮先后出任美世咨询（中国）有限公司大中华区合伙人、思爱普（中国）有限公司大中华区副总裁和麦肯锡（上海）咨询有限公司北京分公司全球副董事合伙人，并在 2019 年获得朝阳区国际高端商务人才（商务精英）的荣誉称号。

◆ 不忘初心　互助共赢惠他人

为了更快更有效地帮助更多客户，韦玮凭借为中国百余家大

中型企业提供业务转型和组织转型咨询服务的经验，与数十家优秀企业建立互利共赢的业务生态体系，共同设计探讨最佳客户解决方案。

数字化时代的到来，更是为韦玮职业理想的实现插上了翅膀。

"没有成功的企业，只有时代的企业。"韦玮认为，在这个多变的时代，想要成功就要主动迈入数字化时代，拥抱数字化技术，变革组织能力以实现数字化转型。"数字化转型包括业务转型、组织转型、技术转型，它会让企业变得更加高效和扁平。"

在任麦肯锡中国商学院院长期间，韦玮规划和设计了麦肯锡中国商学院业务，将麦肯锡公司 90 多年积累下来的优秀行业洞察和企业管理最佳实践经验，用数字化组织赋能的方式，精准并高效地传达给数以万计的中国企业管理者。

2020 年，韦玮用了 8 个月的时间，将自己过去近 20 年的从业经历，特别是服务 100 多家企业的经验仔细梳理，编写了《数字化魔方：数字化转型的创新思维模式》一书，并提出了一套完整的数字化转型方法论，帮助企业明确数字化愿景、落实数字化实践、提升组织能力。

怀着让世界变得更美好的初心，韦玮常常利用所长投身各项公益事业。他曾参与联合国的土耳其援建项目，作为该项目唯一的中国人，帮助土耳其做产业规划，解决其就业等问题；他更是无数次地为政府、公益组织等提供免费的咨询服务。

◆ 逐梦朝阳　致力打造"中国名片"

"从业近 20 年，中国发生了很大的变化，国内许多企业迅速成长，成为行业领域里的佼佼者。"韦玮说，"但是在管理咨询和技术服务领域，世界 500 百强里没有中国企业，而且这一领域的缺口很大。"

于是，做一家一流的管理咨询服务公司成为韦玮新的奋斗目标。

朝阳区成为韦玮创业逐梦的首选。"这近 20 年，我大多数时间在朝阳工作和生活，它是成就我的地方，也是我找到人生目标的地方。"韦玮感叹地说，朝阳区有着独特的区位优势，开放、包容，国际化程度高，商务人才荟萃，政府服务透明高效，营商环境持续改善，发展潜力巨大，是创业者的乐土。

2021 年 1 月，北京市数智未来管理咨询有限公司在北京 CBD 核心区成立，韦玮联合了一批曾就职全球顶级咨询公司的高端咨询服务人才一起开启了新的梦想。"我们希望通过数字化为企业赋能，帮助其成长和发展，它是面向未来的。"韦玮说，希望能把"数智"打造成管理咨询服务领域的中国名片，帮助政府、企业和社会组织提升运营效率、服务效能。

◇ 后 记

不断升级的产业需求，不断优化的技术供应，使得"数智化"的生产生活正在加速朝我们走来。"数字化"的核心是业务数据化，"数智化"的核心则是数据业务化，尽管一字之差，要求却是升级加倍的，对此，韦玮早就有了认知和经验的储备。深耕管理咨询服务行业十多年，造就了韦玮的敏锐、专业和格局，他要做的是以"数字"为工具，革新思维模式，实现"数智"，这也许就是一次积跬步、至千里的思想变革。

· 国际高端商务人才 ·

2014 年，为深入落实《首都中长期人才发展规划纲要（2010—2020 年）》，加快实施首都人才优先发展战略，创新人才发展体制机制，有效发挥人才作为支撑和引领现代商务发展第一资源要素的核心带动作用，朝阳区根据国际高端商务人才发展区的总体要求，围绕国际金融、现代服务、文化创意、高新技术等重点产业领域的发展需要，全面开启实施"朝阳区国际高端商务人才评审认定"。截至 2019 年 12 月，国际高端商务人才共计评审认定商务精英 105 人、青年英才 234 人，累计兑现政策资金 5000 余万元。

王慧超 / 用心发展企业　用情回报社会

《朝阳报》记者　魏姣姣

> 朝阳是一片人才汇聚的热土，也是一片投资兴业的沃土。在这里，王慧超开启了职业生涯，随后又踏上了创业之路，并收获了累累硕果。她先后获得"朝阳区优秀共产党员""朝阳区优秀党务工作者""北京市劳动模范"等光荣称号，实现了自己的梦想。

◆ 一心向党终圆梦

15 年前，刚毕业的王慧超应聘到叶青大厦内的一家外贸企业，成为一名业务员。年轻的她满怀干事创业的热情，全身心投入工作中，勤恳认真，取得了优异的成绩，赢得周围人的称赞。

工作之余，王慧超被叶青大厦党委举办的党课所吸引，在这里，她不仅学习了党的知识，还通过参加主题活动，和大厦内的其他企业员工进行学习交流，提升自己。

党课的学习让王慧超萌生了入党的想法。"我的同事中也有不少党员，他们工作认真负责，严格要求自己，遇到难题主动向前，令我肃然起敬。"在叶青大厦党委的引领和党员的影响下，她在心里许下一个愿望：成为一名中国共产党党员。

2010 年，王慧超实现了入党的愿望，成为一名光荣的共产党员。入党后，她时刻以党员的标准严格要求自己，在工作和生活中起到带头作用。作为公司的一名党务工作者，她发挥自身优势，组织开展学习活动，积极做好入党积极分子的培养考察及党员发展工作，带动身边的人向党组织靠拢。2015 年，她被朝阳区非公经济工作委员会授予"优秀党务工作者"称号。

◆ 扎根朝阳勇创业

2016 年，在朝阳工作 10 年的王慧超迎来人生的转折点。这一年，她毕业后一直工作的公司发生变动，在经历了迷茫和犹豫后，她决定自己创业，成立了北京汇丰盛和国际贸易有限公司。

创业不易。王慧超刚开始筹建公司就遇到了难题：没有办公场地。没有办公场地就没办法注册公司，遑论开展业务。正着急时，叶青大厦党委向她伸出援助之手，在大厦内免费为其提供了办公场地，帮王慧超解决了第一个难题，营业执照也只用了 10 天时间就办理完毕。

在企业的经营发展过程中，王慧超和她的公司还得到了朝阳区相关职能部门的关心和支持。

"我是第一次创业，尤其在企业税费缴纳方面有很多不明白的地方，多亏朝阳区税务部门的工作人员耐心指导，时常打电话提醒我们及时递交材料，缴纳税费。"王慧超说，正是有了相关部门的支持和帮助，公司才能快速走上正轨。

王慧超深耕所在的行业，做出了令人称赞的成绩，2015年被评为朝阳区第一批"国际高端商务人才（青年英才）"。朝阳区人才工作部门为被评定的人才搭建交流、学习的平台，时常举办各类活动，王慧超也经常参与其中，参加培训、参观知名企业、听知名大学开设的课程等，她还带领企业员工一起学习朝阳区相关部门推荐的优秀课程，并将学到的知识应用到公司经营中，促进企业发展。

在朝阳区各项政策的帮扶和王慧超的认真经营下，王慧超的公司得到了良好发展，实现连年盈利，目前已累计缴纳各种税费约4600万元。

◆ 诚信经营守初心

在公司5年的经营中，王慧超始终将诚信放在第一位。她说："因为我是党员，公司还有党支部，我们不能给党组织抹黑。"

王慧超在筹备公司的同时向叶青大厦党委申请成立党支部。2016年11月，公司党支部成立后，王慧超一手抓经营，一手抓党建，用党建引领公司发展。

在王慧超公司的门口，除了公司名称，还有一块党支部牌子。走进公司，在不大的办公区内，"永远跟党走　党在我心中"主题党史展览格外引人注目。

在公司党支部的带领下，大家心往一处想，劲儿往一处使，赢得了众多合作伙伴的信任。

一次，公司和一家企业开展战略合作，签订的合同金额高达5000万元。按照业内惯例，需先供货再付款，但对方公司表示可以提前付款。他们说："因为汇丰盛和有党组织，是值得信赖的公司，与这样的公司合作，我们没有后顾之忧。"

在自身得到良好发展的同时，王慧超还不忘践行共产党员的使命，带领企业积极履行社会责任，热心公益事业。2020年疫情期间，她多方协调，为湖北黄冈中医院捐赠护目镜，为社区捐赠消毒液。她和公司还为朝阳区妇女儿童公益慈善促进会捐款，购买扶贫产品，为助学、助农、助困贡献了企业力量。

✐ 后 记

　　王慧超说："我是从非公中小型企业成长起来的一名年轻党员，我要努力奋进，做一名有爱心、有责任、有担当的新时代党员，为广大非公企业的年轻人树立榜样！"自创业以来，王慧超深刻感受到党的思想引领带给自己的信念支撑，也认识到党建工作对于企业经营的意义，她坚守共产党人的初心，并不断将爱心回馈社会，展现了当代优秀非公企业共产党员的风貌与担当。

科技创新篇

科技兴国，人才强国。2018 年习总书记在两院院士大会上提出："实现建成社会主义现代化强国的伟大目标，实现中华民族伟大复兴的中国梦，我们必须具有强大的科技实力和创新能力。"在 2021 年的中央人才工作会议上，习总书记强调要坚持党管人才，深入实施新时代人才强国战略，提出了"五个面向"，排在首位的就是"面向世界科技前沿"。

科技创新大潮澎湃，千帆竞发勇进者胜。朝阳区作为北京市"两区"建设的重要承载地，深度融入国际科技创新中心建设布局，深化数字经济示范区建设，在科技创新人才培养、搭建合作平台、链接资源要素等方面不断发力。中国工业互联网研究院、北京鲲鹏联合创新中心、中关村朝阳国际创投集聚区等创新研发服务平台发挥朝阳区智力、创新、科研、产业、信息等资源优势，以场景建设为牵引，畅通科研成果到产业化发展通道，加强产业链、创新链与人才链的有机衔接，加快科技创新发展。目前朝阳区拥有高等院校 19 家、科研院所 89 家、省部级以上重点实验室 175 个、工程技术研究中心 70 余家。2020 年，全区拥有各类创业孵化机构 114 家，在孵企业数量 6028 家，形成了"创 E+""E9"等一批创业孵化品牌。科技型企业群体加速发展，截至 2020 年底，全区国家级高新技术企业达 3985 家，拥有"独角兽"企业 27 家，总估值 662.4 亿美元，分别占全市的 32.9% 和 13%。

创新之道，唯在得人。从"凤凰计划"到 OTEC（海外人才创业大会），从"未来论坛"到"创新 100"加速工程，朝阳区不仅集聚了创新人才，还大力培养培育青年人才和创新团队。目前，朝阳区拥有具备世界影响力的顶尖人才及团队、专业科技人员数以万计，成为当之无愧的"创新创业发展的国际化人才高地"。这些科技创新人才在朝阳热土上呕心沥血、艰苦奋斗，他们用智慧和实力为我们构筑起科技的"护城河"，他们是时代的领跑者，是中国梦的编织者，更是人民幸福生活的守护者！

黄孝斌 / 智慧城市的先行者
社会责任的践行者

《朝阳报》记者　董文辉

　　黄孝斌，1972 年出生，中共党员，北京市政协委员，工学硕士、管理学博士，教授级高级工程师，北京时代凌宇科技股份有限公司董事长兼总裁。他带领公司顺应物联网、云计算、大数据等行业发展趋势，深耕物联网领域，为智慧城市建设提供技术解决方案；作为一名党员，他发挥先锋模范作用，履行社会职责，助力脱贫攻坚。

◆ 心怀梦想　创立公司

　　1990 年，黄孝斌从福建省宁德市屏南县考入北京科技大学工业电气自动化专业，从一个没有高楼、自来水、图书馆的全国首批贫困县，来到北京这座国际化大都市。硕士研究生毕业后，黄孝斌进入中国冶金设备总公司工作。1999 年，26 岁的他进入北京佰能电气担任市场总监，一路晋升到副总经理。

　　2007 年，物联网行业开始在国内萌芽，凭借着积攒了十年的工业自动化工程工作经验，黄孝斌敏锐地看到了物联网在城市发展中的前景，希望将工业方面的工程技术，应用到城市管理领域，做一些能对未来持续产生价值的事。

　　怀揣着这样的梦想，黄孝斌带领十几名年轻人，创立了北京时

代凌宇科技股份有限公司。以"通过信息技术创新和应用使管理更高效、使生活更美好"为公司的发展宗旨，主打物联网产品，推出智慧城市解决方案，开始了在物联网、智慧城市方面的探索。

"我们的愿景是做一家持续给客户创造价值，受人尊重，基业长青的公司。"黄孝斌说。当时，摄像头还没有遍布大街小巷，各种传感器尚未互联互通，黄孝斌带领团队自主研发无线传感器网络节点、网关等系列产品，填补了行业技术空白。用两年的时间搭建出物联网应用创新中心，即智慧城市应用创新中心，将他脑中设想的智慧城市各类场景直观地展示出来。

乘着物联网发展的东风，黄孝斌带领的时代凌宇成为北京市发展物联网产业的顶层设计支撑单位，并一举拿下了北京多个物联网应用示范工程项目。公司进入高速发展的快车道，被评为 2010 年度德勤高科技高成长中国 50 强企业第四名。

◆ 扎根朝阳　壮大企业

说起选择扎根朝阳，黄孝斌说，朝阳区良好的营商环境是吸引企业扎根的主要原因。黄孝斌告诉记者，2020 年新冠疫情发生以后，从北京市到各个区出台了很多政策支持企业的发展，帮助企业解决困难。"朝阳区出台的政策非常务实，每一条政策从部门细化到负责人，还附有联系电话。我们企业可以根据电话号码，迅速找到对接人，而且政策的落实也十分到位。"黄孝斌说。

企业的发展除了需要政策和技术的支持，还要依靠良好的运营场景，而朝阳区的运营场景也是吸引黄孝斌的原因之一。

　　黄孝斌说："朝阳区围绕经济发展和城市建设推出了许多场景，也让我们这些信息产业企业有机会参与其中，形成良好的运营示范，并向全国推广。"

　　2008 年，时代凌宇还承建了朝阳区图像信息管理系统平台，该平台是"平安奥运"信息化建设、城市监控系统和北京市图像信息资源管理系统的一个重要组成部分。该系统对朝阳区内的图像信息资源实现统一管理，对图像信息的实时视频和历史记录进行统一分发与调用，为 2008 年奥运会安保以及区域平安建设基础工作提供了优质服务，提高了朝阳区社会综合管理和城市公共服务的总体水平。

　　此外，时代凌宇还承建了朝阳区环卫中心信息指挥调度系统、朝阳区公共安全视频监控建设联网应用示范工程（雪亮工程）项目等多个信息化系统平台，为智慧朝阳、绿色朝阳、平安朝阳提供了智慧解决方案。

◆ 助力扶贫　彰显担当

在物联网行业深耕细作 14 年，时代凌宇的智慧城市解决方案在全国各地落地，包括北京城市副中心行政办公区系列园区智能化项目、APEC 雁栖湖国际会都（核心岛）智能化工程项目、北京智慧西站、西藏罗布林卡——布达拉宫世界遗产地动态监测预警工程项目、雄安新区南拒马河防洪治理工程物联网建设等全国多个省市的上千个信息化（智能化）项目。

在取得成绩的同时，黄孝斌和他领导的时代凌宇将履行社会责任当作安身立命、实现企业愿景的根本。

自公司成立以来，黄孝斌带领公司员工连续多年响应北京团市委组织的"温暖衣冬活动"和"党组织献爱心捐款"系列公益活动，

响应"万企帮万村"的精准扶贫行动安排。2017年，时代凌宇与新疆和田地区墨玉县乌尔其乡巴扎布依村、河北省张家口市康保县满德堂乡罗明沟村形成了结对帮扶关系。

"目前，我们主要采取消费扶贫的方法，通过购买当地的土特产，帮助当地贫困人口实现就业、增加收入，对结对帮扶地区给予我们力所能及的帮助。"黄孝斌说。

作为一名从曾经的全国首批贫困县走出来的企业家，来自科技企业的政协委员，黄孝斌知道消费扶贫并不是彻底解决贫困的最好方式。2021年初，在北京市"两会"期间举行的"脱贫攻坚社会宣讲"网络直播中，黄孝斌以"'科技＋产业'，打通扶贫攻坚'最后一公里'"为题进行了宣讲，就科技扶贫建言献策。

黄孝斌说："实现中国梦是我们每一位中华儿女的共同期盼，需要我们全体中国人一起努力。无论是我们企业还是个人，必须要有责任、有担当。"

✎ 后 记

"科技让生活更美好，使管理更高效"是黄孝斌的理想和奋斗方向，他说这是一辈子奋斗的目标，就像马拉松，永远在路上。他创新先行，开拓物联网领域，推进智慧城市建设，成为物联网技术的守望者。他十年如一日，深耕技术和市场应用，稳扎稳打、求真务实，致力于让城市更智慧、更美好。他勇担责任，积极参政议政，助力公益扶贫，把一颗赤子之心的光热发挥到极致。

薛群 / 深耕罕见病领域 让爱不罕见

《朝阳报》记者 刘亚琼

罕见病用药，因患病人群少、市场需求少、研发成本高，鲜有制药企业关注和研发。2012年，薛群放弃跨国制药公司高管的工作，选择自主创业，创立了北海康成（北京）医药科技有限公司。在朝阳区"凤凰计划"的支持下，薛群深耕罕见病领域，加速了高端、特效医药产品在中国和亚洲的市场化，让中国罕见病有药可医。

◆ 怀揣理想 开启药学之路

薛群1969年出生于北京，幼年时期的他体弱多病，出入医院

薛群

成了他的"家常便饭"，对医院的"厌恶感"占据了大部分童年的回忆。

随着年龄的增长，薛群的身体状况不断好转，与此同时，他的兄长们陆陆续续考上了和医学领域相关的专业，使得薛群对"医生和药师"的认知也逐渐发生了改变。爱思考的薛群意识到，医生和药师的职责都是救死扶伤，能够帮助病人恢复健康、为病人雪中送炭是一件特别美好的事情。"医药的作用很神奇，我当时就想，如果我学会了，不仅可以让自己远离病痛，还可以救治更多的人，何乐而不为呢？"薛群说。

在家人的鼓励下，薛群考入大学钻研药学，跟随兄长们的脚步，一点点走近帮助患者恢复健康的愿景。大学毕业后，薛群去美国继续深造生物制药技术。

◆ 学成归来　心系医药发展

自从踏入药学大门，薛群就再也没有离开过医药领域。

在美国布朗大学取得生物有机化学博士后，薛群顺利地进入了全球排名前五的生物制药公司。当时，薛群作为这家跨国企业中国区的负责人，负责中国区业务的起始搭建和发展，国内的办公地点选在了朝阳区。

作为一个有志于生物医药研发的年轻从业者，薛群在工作中不断了解到，中国在医药领域，尤其是高端生物医药领域相较于西方发达国家还有一定的差距，广大患者和国内社会对于高效、科技含量较高的药物的需求远远没有被满足。

薛群还热衷于国内罕见病援助项目，接触到国内许多罕见病患者。他们或因病自卑，无法正常生活，或因药物价格昂贵无法购买而正在经历病痛的折磨。薛群逐渐认识到，自己做的每个援助项目，落地后只能解决很小一部分患者的用药需求，对于真正解决罕见病问题，杯水车薪，必须通过自己所学的知识搞研发，利用企业的力量引领罕见病医药事业，促进高科技生物医药科技的发展。

2012年，已经成长为中国乃至世界罕见病医药领域专家和引领者的薛群，放弃了稳定、高薪的跨国企业高管工作，选择在朝阳区，开始了自己在罕见病领域"火种燎原"的发展计划。

◆ 扎根朝阳　共建罕见病生态圈

薛群说，之所以选择在朝阳创业，是因为朝阳区尊重人才、珍惜人才，有着吸纳汇聚人才的包容性、前瞻性和国际视野。

一个偶然的机会，薛群了解到朝阳区的"凤凰计划"。他说，刚听到这个名字的时候，就坚定了自己在朝阳创业的信心，因为"日出东方，丹凤朝阳"，一个迎接太阳升起的地方也终将会有自己的一席之地。

通过"凤凰计划"的评选后，薛群加入到一个非常优秀的人才团队中，参加了多场"凤凰人才"的交流活动，接触到了来自各行各业的领军人物，了解到了其他创业者的经验和收获，也避免了自己在重大决策上"走弯路"，给了自己能够沉下心来创业的信念和信心。

随后，在"凤凰计划"的推动下，薛群带着自己的公司——北海康成入驻中关村朝阳园，获得了场地和政策上的扶持。在朝阳区的大力支持下，北海康成已经发展成为一家标志性的新药创新企业，是我国进入胶质母细胞瘤（GBM）临床 II 期试验的 I 类创新靶向生物药创新企业，也是罕见病平台构建的先行者。还建成了丰富的研发管线，包括 10 余种在研的罕见病及罕见肿瘤产品和 3 种已上市产品，用自己研发的药品逐渐填补着国内罕见病领域的医学空白。

2018 年，50 余家具有罕见病相关专科的医疗机构、高等院校、科研院所、企业等联合组成中国罕见病联盟。薛群作为罕见病联盟的副理事长，深度参与联盟的工作中，与社会各方一起推动罕见病管理工作制度化和规范化，研究促进罕见病规范化诊疗的新路径。

同时，薛群还致力于罕见病的公益宣传活动，参与拍卖罕见病患者的文艺、手工作品，号召全社会来关注和关爱罕见病患者。

如今，薛群所关注的已经不只是某项研究或药品发明，而是整个行业的前景和发展。作为一名朝阳区的"凤凰人才"，薛群希望能有更多的优秀人才来朝阳发展，和他们一起，让罕见病患者有药可治，走出困境。

◇ 后 记

薛群有着医药行业资深经历，如今他所关注的已经不只是某项研究或药品发明，而是在思考这个行业的前景和发展，而这一行最需要的就是人才。作为一名朝阳区的"凤凰人才"，薛群深知朝阳区尊重人才、珍惜人才，他也愿意通过自己的企业吸引更多的优秀人才来反哺朝阳，和这些人才一起，把不治之症变成有药可治，让中国罕见病市场不再"失灵"，让爱不罕见。

嵇晓华 ╱ 剥开科学的"果壳"

《朝阳报》记者　魏姣姣

对于嵇晓华这个名字，很多人会觉得陌生，但要说姬十三，很多人都是他的粉丝。姬十三是嵇晓华的笔名，十多年前，嵇晓华开始写科普文章，后来他创立了泛科普科学文化平台"果壳网"和北京我最在行信息技术有限公司，带领公司员工，用公众听得懂的语言，看得明白的图片进行科普，让"科技有意思"。

◆ 尝试写作　踏上科普之路

嵇晓华的科普路是从 2004 年开始的。嵇晓华本科就读于中国科学技术大学生物学系，之后到复旦大学读博。在生物学领域耕耘多年，他在细分的学科门类里钻研的同时，越来越想做些"更广泛的事情"，让更多的人了解科学。加之受到小时候阅读的科普读物的影响，他有了写科普文章的想法，将晦涩难懂的科学知识用通俗易懂的语言讲出来，让"高冷"的科技接地气。

当时的互联网不像如今这样普及，大家看文章喜欢购买报纸、杂志。于是，嵇晓华开始用"姬十三"这个笔名创作科普文章，给科普杂志投稿。一开始，吃过闭门羹，经历过稿件发出后石沉大海的打击。几经打磨，写作功底不断提升，他终于遇到了自己的伯乐，成了《牛顿科学世界》的撰稿人。之后，他又不断努力，将科普的舞台拓展到了《三联生活周刊》《上海壹周》等知名杂志。就这样写了几年科普文章后，博士毕业时，嵇晓华已经是科普圈小有名气的科普作家了。

毕业后，嵇晓华离开上海，来到北京，工作之余，他召集了一批科研工作者、科技编辑和记者、科普作家等，成立了一个非营利组织，群策群力，在互联网上继续发布科普文章，坚持着让"科学

走近大众"的科普之路。

　　也是在这个时候，嵇晓华开始思考创业的可能性。"我发现北京文化气息浓，互联网行业发展迅速，创业环境也比较好。"嵇晓华回忆道，正当他思考着如何将科普组织更加专业化地运营时，有投资人主动上门找到他，2010 年，他顺势而为，创立了果壳网。

◆ 扎根朝阳　推进科普发展

　　嵇晓华将办公地点选在了 SOHO 现代城。"我在北京第一份工作的地点就在朝阳，位于金地中心，因此对周围比较熟悉。同时我也感受到朝阳的内容创作氛围浓厚，富有文化气息，所以就选择了在朝阳扎根。"后来，果壳网又两易办公地点，但始终没有搬出朝阳。

如同很多初创企业一样，果壳网在创业过程中也遇到了很多难题，摔了不少跤。"至暗时刻"要数 2013 年的那个春节。"那时没有掌握好融资节奏，导致投资款没有及时到账。临近过年，发现公司账上的钱只够给员工发两个星期的工资。"当时的嵇晓华压力非常大，所幸公司及时收到一笔回款，才解了燃眉之急。

随着果壳网的发展越来越顺利，嵇晓华推进科普发展的路也越走越宽，开始跨足知识付费行业，并在 2015 年孵化出了"在行"（北京我最在行信息技术有限公司），成为知识付费的重要推动企业之一。

如今，嵇晓华已经成为科普界的领军人物，被朝阳区评为"国际高端商务人才（商务精英）"。2020 年，朝阳区还给果壳网送去了"服务包"，提供政务服务、资金支持、业务拓展和人才服务等支持，相关部门还定期了解公司的发展需求，一对一服务，提供解决办法。"这些服务为公司的经营提供了很多便利。"嵇晓华说。

◆ 反哺社会　致力公益科普

在科普的路上走了十多年，嵇晓华从没忘记做科普的初心。在发展企业的同时，嵇晓华还带领果壳网积极履行一个科普文化平台的社会责任，利用所长反哺社会。

近两年，在朝阳区开展的"有意思博物馆"活动，受到越来越多的关注。这是"果壳"举办的公益科普活动之一，以嘉年华的形式，通过丰富的科学博物展陈、互动体验、剧场演讲等形式，拉近公众与科学的距离。

用有意思的科普方式，让科学流行起来，提升大众的科学文化素养，是嵇晓华一直以来坚持的目标，举办"有意思博物馆"就是尝试之一。过去的十多年间，嵇晓华还带领团队举办过果壳时间科普沙龙、万有青年烩线下分享等活动，用好玩、有趣、新潮的方式进行科普，通过公益科普让更多的人感受到科学的魅力。

2021 年 7 月 20 日，河南郑州暴雨受到全国关注，牵动着亿万人的心。了解到河南的灾情，果壳网积极捐款，为救灾工作贡献一份力量。除此以外，果壳网还发挥自己的优势，联合九三学社中央科普工作委员会，发起"灾情应对科普行动"，邀请专家、招募志愿者联合编写《灾情应对科普手册》，并在网上传播，科普水灾救护和生活恢复等方面的知识，用知识助力救灾工作。

嵇晓华说，科技发展是提升国家核心竞争力的必经之路，科普的未来充满无限潜力。让更多的人走近科学、热爱科学，为科学普及尽自己的绵薄之力，他和同事乐在其中。

◇ 后 记

谈及科学和科普，大众的第一反应无外乎严肃枯燥、不苟言笑，而嵇晓华探索出了一条在保证专业且有准确知识支撑的前提下，以花样百出、新奇有趣的方式来对科学进行普及的道路。这是一个创新创意勃发的时代，也是呼唤理性与知识的时代，科学知识的普及，要在两者之间寻求一个平衡点才能让它成为公众文化和生活的一部分，这是嵇晓华的梦想，也是我们的期望。

· "赛先生"科学和医学公共传播奖 ·

"赛先生"科学和医学公共传播奖旨在面向华语世界奖励积极开展科学和医学知识和技能的普及、传播、教育、培训，直接服务于公众与社会、促进公众理解科学，而做出重要杰出贡献的个人或民间机构。该奖项创立于2020年5月30日。由中国科协名誉主席、中国科学院院士韩启德，北京大学讲席教授、首都医科大学校长饶毅和夫人董建瑾女士，浙江大学教授王立铭和夫人沈玥女士联合发起。天文学家、科普作家卞毓麟，果壳CEO嵇晓华因为长期致力于科学公共传播并作出卓越贡献，成为第一届获奖人。

郑保卫 / 玩转数据治理　助推数字经济

《朝阳报》记者　张慧娇

郑保卫，恩核科技董事长，毕业于韩国国立釜庆大学，获计算机信息工学数据工程专业博士学位，清华大学未来科技 EMBA 在读。长期致力于数据架构及数据治理技术方面的研究和实践，出版了《海量数据库解决方案》《区块链开发与实例》等书籍。荣获国家信息公共服务平台及国家软件公共服务平台颁发的中国大数据领域领军人物奖。

◆ 出国深造　结缘数字治理

数据治理，即便在目前数据治理市场火热发展的大环境下，对于非从业人员来说，也是个非常专业的术语。

"其实数据治理就类似于空气治理，进行空气治理通常需要事先在建筑工地采取安装防尘网、喷头等措施，防止浮尘污染空气，进而在一定程度上达到治理空气的目的。数据治理主要是以'数据'为研究对象，在确保遵守数据安全法的前提下，建立健全企业的数据管理体系，做好数据标准化建设，从而将数据治理的概念落地，嵌入企业运营的各个流程，使数据真正成为企业的资产，对企业的长期发展产生积极的作用……"说起自己的看家本领，郑保卫滔滔不绝。

16 年前初到韩国留学的时候，郑保卫就被韩国公交站台的电子站牌所吸引。下一趟公交还有多长时间到站，一共有几辆公交车经过站点，站牌的电子屏幕都会进行实时更新。切身感

受到数据更新为大家出行带来的便利，使郑保卫对数据方向产生了兴趣。

通过对国内外数据市场发展环境的观察以及专业技术领域的考量，计算机信息管理专业出身的郑保卫，在韩国上学时，选择了深耕计算机信息工程专业，主攻数据领域，并先后获得硕士和博士学位。

持之以恒的钻研和沉淀，以及对国内外市场环境的深入了解，让他在留学期间不仅熟悉和掌握了数据管理、数据治理、数据架构、数据模型设计等专业技术，还经常参加各种国内外数据领域的专业研讨会，了解国际数据方面的前沿技术，紧跟时代步伐，逐渐成为数据方面的行家里手。

◆ 回国创业　扎根朝阳热土

在读博期间，郑保卫经常做一些计算机和数据方面的书籍翻译或演讲工作。2012 年，由他翻译出版的书籍《海量数据库解决方案》，意外地成为他回国创业的契机。

在《海量数据库解决方案》的书籍发布会上，郑保卫作为嘉宾，在 300 多人参与的发布会上发表演讲，为国内的技术从业者介绍和分享书中的内容与国外的技术动态。

"您好，我是前几天听您演讲的一位观众，我们公司的系统性能有点问题，您看看能不能解决。"书籍发布会过后，一条 MSN 留言引起郑保卫的注意。"当时我还在首尔上学，收到这条留言后，第一

时间进行了回复解答，并提供了几个解决方案。"郑保卫回忆说。这位陌生网友十分认可郑保卫的解决方案，并提出了想让他回国到自己的公司进一步解决系统问题的想法。

让郑保卫没想到的是，这位陌生网友成了自己的第一位"客户"。郑保卫接受邀约，回国一周就帮其解决了公司系统性能的各种问题。过硬的专业技术和踏实严谨的做事风格，让客户对他青睐有加，公司高层领导当即决定聘请郑保卫，希望他能对公司系统进行进一步的升级和优化。

经过这件事，郑保卫更加深刻地了解了国内企业客户的真实需求，看清了未来的发展方向，决定回国创业。

2012 初回国后，郑保卫创立了恩核（北京）信息技术有限公司并落户朝阳，面向银行、保险、证券等泛金融行业客户及政府、通信行业客户，提供"方法论＋产品＋服务"的一站式数据治理解决方案，帮助企业从源头到落地，做好数据治理工作。创业十年，郑保卫从未忘记自己的初心，不断打磨公司的产品，始终坚持自主研发，为国内的企业客户提供最优质的数据治理系列软件产品和咨询服务。

◆ 尽己所学　助力区域发展

2013 年 12 月，郑保卫入选朝阳区"凤凰计划"海外高层次人才。说起入选后的最大感触，郑保卫说了三个字：归属感。

作为一名回国创业的"海归"，郑保卫创业之初就在企业人员培养、政策宣讲等方面享受到了朝阳区的贴心服务。他还以朝阳区

"大数据专家"的身份,与"凤凰计划"其他的"家人"一起,前往贵阳、云南、长沙等地,参与专业研讨交流活动。

2015年,郑保卫和其他行业的人才一起到贵阳进行考察与研讨,为贵阳的发展出谋划策。"气候与地理因素让贵阳市具备了发展大数据产业得天独厚的优势,适合建设大数据中心。"郑保卫及其他数据专家的建议得到了贵州相关领导的认可。大数据中心建设被列为贵阳市重点发展计划。郑保卫还多次前往贵阳为贵州省人民政府牵头组建的特训班授课,将自己多年所学和积累的经验倾囊相授。

"自己所学能为朝阳区以及其他地区的发展作贡献,感到十分欣慰。"郑保卫自豪地说道,通过政府搭台,自己有了更多的学习机会,也与很多企业之间达成合作机会,让企业成长更具潜力。

郑保卫还积极参与业内技术平台建设与技术分享,在为数据库从业人员搭建交流分享平台方面不遗余力,获得了社会的肯定,一项项殊荣也随之而来。2015年,郑保卫荣获由国家信息产业公共服务平台及国家软件公共服务平台颁发的"中国大数据领军人物奖";2017年,恩核数据管控产品荣获国家信息产业公共服务平台颁发的"2017年银行行业数据治理最佳产品奖"。

"我将继续在数据治理领域不断探索,以期帮助企业全面释放数据价值,为数字经济发展保驾护航。"郑保卫说。

◇ 后记

在数字经济时代,无论是企业发展还是国家竞争,谁拥有海量的数据和先进的算力,谁就能占领发展的制高点、掌握发展的主动权。作为数据治理的"领头羊"，郑保卫不断吸收最新的技术，为数字经济发展方向做出精准的研判和建议。他喜欢思考，热爱创新，享受技术精益求精并做出更好的构建所带来的成就感，数据的浪潮涌来，他踏浪前行！

· 高层次人才国情研修班 ·

朝阳区按照中组部、北京市《关于进一步加强党委联系服务专家工作的意见》的有关要求，强化对高层次人才的政治引领和团结服务，举办了多期人才国情研修班，组织人才前往贵州、云南、湖南等地，参与公益助学、科技扶贫、特色产业对接等活动，有效地凝聚了人才的爱国奋斗热情，更将人才自身工作与脱贫攻坚、产业发展相结合，为他们提供了施展才华的舞台和空间。

王子卓 / 用数学帮企业解难题

《朝阳报》记者 魏姣姣

王子卓是杉数科技（北京）有限公司的联合创始人兼首席技术官，先后在清华大学数学与应用数学系、斯坦福大学管理科学与工程系学习，主要研究收益管理与运营管理、定价问题、优化算法设计等领域，曾获得过中国和美国国家自然科学基金多项项目的支持。2016年，他与几位斯坦福大学的校友回国创业，联合创立了杉数科技，利用运筹优化和机器学习等技术，帮助企业解决复杂问题，作出有利决策。

◆ 爱好数学　求解难题

数学纯粹、优美，逻辑严密，这是它的魅力所在，也是吸引王子卓的地方。王子卓从小就喜欢数学。1998 年，他考入北京八中少年班，在这里，老师带领他深入学习了数学这门学科，并向他介绍了数学在生产生活中的应用，这让他对数学有了全新的认识，也加深了他对数学的喜爱。"数学严密、严谨，很多难题在推理、计算后都能得到一个答案或解决办法。"这是王子卓喜欢数学的原因，也是日后他帮助企业求解各种难题的动力。

2003 年，王子卓考入清华大学数学与应用数学专业。在清华大学学习期间，王子卓又邂逅了数学的分支学科运筹学。运筹学主要研究如何用数学分析工具帮助管理者做出更科学的决策。这也为他选择学习研究方向和今后的创业领域奠定了基础。

在王子卓大三那年，斯坦福大学教授叶荫宇来到清华大学授课。叶荫宇是国际知名学者，在运筹学领域有着丰硕的研究成果。"叶老师教的是运筹优化，上了这门课之后，我觉得挺有意思，之后也跟着叶老师做了一些小研究。"当时王子卓大三已经结束，他正在考虑未来的学业方向，对运筹学的浓厚兴趣，使他决定追随叶荫宇教授深入学习运筹学。

经过努力准备，最终，王子卓成功申请成为叶荫宇教授的学生，前往斯坦福大学学习，并于 2011 年和 2012 年，分别获得斯坦福大学金融数学硕士学位和管理科学与工程系博士学位。

◆ 学以致用 创业朝阳

学以致用是对学习最好的回报。

从斯坦福大学毕业后，王子卓在国外工作了几年。2016年，王子卓带着多年所学踏上了创业之路，与其他三位斯坦福校友一起成立了杉数科技。

"国内企业对运筹优化有很大的需求，但在这个领域存在技术空白，我们希望可以填补这个空白，帮助更多的企业提高效益。"王子卓在谈到公司创立之初的想法时说，杉数科技所做的是依托深层次数据优化算法和复杂决策模型的求解能力，为企业做出涉及复杂业务场景的问题决策提供最优方案，比如，成千上百家店铺的选址、物流路线规划、外卖平台派单等。

创业不易，作为一家初创企业，杉数科技遇到了不少难题，业务拓展、团队建设、资金等，每一个问题都考验着他们。能坚持下来顺利发展到今天，除了前沿的技术、优质的服务、几位创始人的坚持，还离不开朝阳区海外人才创业大会（OTEC）的支持。

创业初期，王子卓和几位联合创始人参加了海外人才创业大会（OTEC），并在创业赛总决赛中获得季军。之后，朝阳区给予了杉数科技政策、资金、场地等多方面的支持，有力地促进了公司的发展。随后，王子卓和几位联合创始人还被认定为朝阳区"凤凰计划"海外高层次人才。在王子卓看来，这不仅是一项荣誉，也是对他们事业的肯定，更获得了一个可以与其他创新创业者交流、学习和分享经验的平台。

在自身的努力和各项政策的扶持下，杉数科技逐渐站稳了脚跟，与顺丰、京东、南方航空等诸多行业头部企业开展了合作。2019年

5月，在整个团队的全力攻关下，杉数科技还推出了中国首个商用线性规划求解器 COPT，帮助企业解决生产、仓储、配送、销售等一系列场景中的优化问题，一经发布便登顶了线性规划单纯形法测试榜单。

◆ 行远自迩　笃行不怠

"行远自迩，笃行不怠"是杉数科技所奉行的经营宗旨，也是王子卓坚定践行的做事原则。

运筹优化在企业的生产经营中占据着重要地位，优化做得好，可以大幅度提升生产效率，提高企业收益。杉数科技将机器学习与运筹优化两大技术体系深度融合，为企业打造"计算引擎＋决策中台＋业务场景"完整的技术平台，以完整的技术能力和高度模块化的产品结构灵活高效地为企业赋能，利用数据为企业带来收益及成本端的显著变化，经过 5 年的技术和产品积累，已成为国内众多大型企业的合作优选对象。

杉数科技的成功，靠的不只是过硬的技术，还有真诚的服务。不同的企业进行优化的场景不同，即使相同的场景，需求也各有侧重。因此，无论多么个性化的需求，王子卓总是带领杉数科技尽最大努力，定制化地输出并不断完善方案，直至客户满意，即使加班加点，也要得到最优解。

有一次，杉数科技与国内某企业合作，优化多工厂协同生产排程场景"落地"。该企业的工厂几乎遍布全国，生产线多，在做方案时需要考虑市场、物料、产能、工序流程、管理体制等诸多因素，因此需要处理的数据量巨大，海量的数据带来的难度也是成倍的。但王子卓和其团队没有退缩，在他的带领下，团队经过日夜攻坚克难、精益求精，最终实现了项目的预期目标。

目前，杉数科技的智能决策优化解决方案已在零售、物流、工业制造、能源、电力、航空航天等核心领域落地应用，服务合作伙伴包括百威英博、好丽友、富士康、海尔、顺丰科技、国家电网以及南方航空等国内外知名企业。

"我们希望用自己的技术帮助更多中国的企业提高工作效率。对于这样一件长远的事，我们能做的，就是一步一步踏实地向前走，做好当下的事。"王子卓就是这样，践行着"行远自迩，笃行不怠"的精神。

✎ 后记

作为一家专注于人工智能决策优化的高新技术企业，杉数科技拥有高壁垒的智能决策优化技术，它的成长和发展是快速且稳健的，这其中离不开从应用数学和运筹学角度的赋能。王子卓以其活跃的思想和青春的魄力作为科技创新、产业开拓的动力源，在数学奥义之中找到了一条实践之路，这是科技创业的成功范本，也是一条需要不断开拓进取的征途。

· 海外人才创业大会 ·

海外人才创业大会（Overseas Talent Entrepreneurship Conference，OTEC）是朝阳区打造的国际化创新创业生态和人才工作品牌。OTEC充分发挥政府的引导作用，依靠市场化手段配置资源，通过举办全球创业赛、创新峰会、国际创新周、国际创业聚、海外人才招聘会等活动，为海外人才归国或来华创新创业打造"一站式"服务平台。通过平台，宣传"凤凰计划"等人才和产业政策，推动"人才、技术、项目、资本、市场、政策、空间、服务"全要素对接。2013年至今，OTEC已经成功举办九届。九年来，吸引了全球36000余名创业者、7000多个创业项目、数百家知名创投机构参与，促成了361个优质项目落地朝阳。

周小四 / 秉持技术匠心走向世界舞台

《朝阳报》记者　王　佳

　　周小四，1974 年生于湖北省孝感市，中共党员，美国佛罗里达国际大学计算机科学硕士、工商管理硕士。现任北京青云科技股份有限公司多云与边缘计算平台资深总监。精通云计算、大数据技术，有着 20 多年 IT 行业工作经验，不仅懂技术，还对行业动态具有敏锐的洞察力。他一贯坚持以工匠精神做技术，重视客户体验，让匠心和技术信仰成为公司的核心竞争力。

◆ 一路探索　带着专业知识回国

　　在上海交通大学完成研究生学业之后，抱着学习国外先进技术的想法，周小四登上了赴美国佛罗里达国际大学的飞机。

在那里，跨专业学习的周小四，凭借自己的努力取得了计算机科学硕士学位，走进了计算机专业领域。他先后在佛罗里达国际大学内的国际飓风研究中心和在线学习部门工作，担任软件工程师。"'码农'的工作并不枯燥，成功的系统搭建和技术创新可以带来莫大的成就感。"周小四仿佛打开了新世界的大门，每日徜徉在技术的海洋中。

在美国，周小四学习、工作了七年，他热爱这份职业，找到了适合自己发展的方向，但他逐渐觉察到，文化差异限制了他的发展，家乡日渐年迈的父母，也在召唤他回国。

2010年，周小四决心返程，在国内寻找事业平台，进行长期稳定的发展。回国后，他先后任职于IBM中国开发实验室、高德软件等多家知名公司，负责研发工作，用丰富的行业实践和技术经验，逐步建立团队，推动了公司的技术发展。

◆ 来到朝阳　开启研发新征程

2014年，周小四来到朝阳区，加盟了创立不久的青云科技，主持平台开发工作。从此，他开启了生命中更为璀璨的篇章。

公司初创时期总是会遇到很多困难，青云科技也不例外，其中最难的，莫过于缺少完善成型的技术人才队伍。"最初，我们研发团队只有十几个人，人手严重不足。"周小四说道，这使得青云科技的发展之路也遇到了一些波折。

但很快，朝阳区就为青云科技提供了丰富的培训资源、人才引进落户指标、贷款担保、租金减免和资金鼓励，让青云科技得以吸纳更多的高科技人才，也让周小四的研发团队得以加速发展。如今，得益于朝阳区多方面的政策支持，周小四的研发团队已经达到百人规模，他们拥有扎实的学术研发能力，能够满足青云科技创新和高速发展的需要。"有了人才，才能有技术、有思路做好产品。"周小四说道。

2019 年，由于周小四同时拥有在海外取得硕士学位和在知名跨国公司从事研发工作的经历，他被认定为朝阳区第十批"凤凰计划"工作类海外高层次人才，成为朝阳区的高精尖储备力量。"这是朝阳

区对我的肯定，未来，我希望可以继续带领我的研发团队创新突破，为朝阳区的科技进步出一份力。"

朝阳区也一直关注着青云科技。2020 年，青云科技荣登"北京朝阳高科技高成长 20 强"，入选朝阳区年度"凤鸣计划"，正式成为朝阳区政策重点扶持的行业龙头企业，这也标志着青云科技在打造自主可控数字化基石的过程中，展现出非凡的科技创新能力、人才培育能力和未来发展潜力。

◆ 客户至上　让匠心主导研发

2021 年 3 月 16 日，青云科技在科创板上市，成为"中国混合云第一股"，公司市值超 40 亿元。青云科技在短短九年的时间里，发展突飞猛进，成为行业翘楚，这与周小四所坚持的"用工匠精神做技术"的理念是分不开的。

在青云科技的产品中，KubeSphere 容器平台倾注了周小四的心血。它是分布式、多租户、多集群、企业级开源容器平台，具有强大且完善的网络存储能力。在搭建 KubeSphere 时，周小四没有着急"动手"，而是用了近一年的时间做市场调研，通过下载、安装和对多个同类型产品进行体验，周小四发现，这些已有产品离用户的期望值有不小的差距。于是，周小四在用户体验、功能和企业级优化等技术方面下足功夫，并在平台推出前进行多轮测试，根据测试结果和试运营用户需求调整和设计一系列升级服务方案，力求让用户达到最好的产品体验。就这样，虽然 KubeSphere 容器平台推出的时间略晚，但仅仅三年时间就已经做到了同行业的世界前列，且有一半以上的用户来自海外。

　　七年来，作为青云科技技术研发领域的负责人，周小四带领团队先后研发出了包括青云应用中心、OpenPitrix 多云应用管理平台、KubeSphere 容器平台在内的多款具有自主知识产权的核心产品，并取得国家版权局计算机软件著作权。周小四表示，他计划将青云科技的云平台做成一个可插拔的、开放式的架构，在不断获取国内优质客户的同时，开拓海外市场，让中国人的优秀技术走向世界。

后记

　　云计算技术或者说云计算的理念已经渗透社会的各个角落，周小四表示："理论上，任何事情都可以被数字化。"基于对未来行业的前瞻判断和对研发技术的匠心打磨，周小四构建起了青云的核心竞争力，并不断拓展合作版图。他身体力行，锐意进取，带领着中国的技术和服务，投身国际竞争浪潮，在混合云的世界里乘风破浪，青云直上。

文化创意篇 ☕

"文化兴国运兴，文化强民族强。"习近平总书记在党的十九大报告中还强调："文化是一个国家、一个民族的灵魂。没有高度的文化自信，没有文化的繁荣兴盛，就没有中华民族的伟大复兴。"文化自信作为"四个自信"的重要内容，是大国风采的彰显，也是我们在世界文化激荡中守住初心的坚实根基。

随着技术革新，产业结构调整和市场体系的完善，推进文化创意发展，与实体经济深度融合，是提升国家文化软实力和产业竞争力的重大举措，也是加快实现由"中国制造"向"中国创造"转变的内在要求。作为北京市推进"全国文化中心"建设的核心区，朝阳区以"文化、国际化、大尺度绿化"为主攻方向，凭借着国家文化产业创新实验区政策先行先试的优势，数字文化产业蓬勃发展，品牌企业竞相涌现。带动了蓝色光标、掌阅科技、马蜂窝等一批数字文化上市、独角兽企业，还有泡泡玛特、得到 App、凯声文化等一批文化新消费领军企业。此外，还汇集了万达文化、阿里文娱、央视频等 253 家文化企业总部，掌阅科技、人民天舟等 12 家企业和 9 个项目被认定为 2021—2022 年度国家文化出口重点企业和重点项目，分别占全市的 38% 和 82%。2021 年，朝阳区被认定为国家文化出口基地。如今，国家文创实验区已成为全国文化产业创新发展的"试验田"和首都全国文化中心建设的"金名片"，区域的文化创新活力不断迸发。

人才兴则产业兴。人才是文化创意产业的核心生产力，现在文化和技术深入结合，文化产业快速发展，从业人员也在不断增长，这既是一个迅速发展的产业，也是一个巨大的人才蓄水池。目前，朝阳区文化产业领军人才、文化大家比比皆是。他们有丰厚的文化底蕴、勃发的创新活力，有讲好中国故事的初心，也有将中国文化推向世界的情怀。他们还懂得经营和管理，知道如何在产业结构升级和经济的不断对外开放中，用技术为文化赋能，促进文化的交流融合，让我们的文化强国之路走得更远、更稳。

高素梅 / 一路向东　让文创梦想扎根朝阳

《朝阳报》记者　王　佳

> 　　高素梅深耕朝阳 13 年，倾力打造出了北京市重点文化传媒产业园区——北京东亿国际传媒产业园。在企业发展的同时，她饮水思源，投身社会公益事业，用爱心回馈社区。高素梅曾先后荣获朝阳区"国际高端商务人才（商务精英）"，北京市"三八红旗手"及全国"巾帼建功标兵""中国好人榜"等荣誉称号。她说："朝阳让我实现了自己的梦想。"

◆ 创业圆梦在朝阳

　　1988 年，刚毕业的高素梅来到海南电网有限责任公司。在海南，她见到了鸥群南翔、椰风海韵，她经常驻足在大海边，憧憬着美好的未来。

"那是段年轻拼搏的岁月，需要我学习的东西太多，忙碌但充实。"提起当初的岁月，高素梅仍旧充满怀念。

一次偶然的机会，高素梅来到中国人民大学进修，并取得了国际经济学硕士学位。在北京学习期间，她对自己的人生有了新的规划。

2008 年，高素梅决心下海创业。在朋友的引荐下，她将目标投放在国际文化融汇和人文艺术气息浓郁的朝阳区，决定走入这里投资文创产业。

在高素梅身边的亲朋好友看来，离开稳定的国企选择创业，是非常冒险的行为。高素梅来自贵州，是倔强的大山儿女，多年来一路求学、辞职北上全凭一股韧劲儿，她既然做了出决定，就会努力

克服困难去执行。她坚信，文创产业会绽放绚烂的花朵。就这样，高素梅开始了13年的深耕文创之路。

13年前的东亿，还是一片木材厂厂区，许多人听说高素梅想将其建为国际传媒产业园，都觉得不可思议。但如今，高素梅已经带领东亿成为国家文化产业创新实验区的重点园区，成为集商务办公、艺术欣赏、休闲娱乐为一体的文化园区，良好的环境和优质的服务引得企业纷纷入驻。

◆ 呕心沥血育沃土

在园区的开发、运营和管理中，高素梅投入了很多心血，遇到过很多困难，好在，朝阳区的政策很快就落地东亿，在资金鼓励、贷款贴息和高端人才引进等方面的政策支持为高素梅解决了很多问题。

人才有了，核心竞争力强了，东亿的名气也越来越大了，看着东亿发展得越来越好，高素梅十分欣慰。2019 年，高素梅被朝阳区评为"国际高端商务人才（商务精英）"。她感激地说："朝阳肯定了我，成就了我，我希望一直与朝阳共同成长、共同发展。"

作为东亿的领路人，高素梅切实将园区企业的发展和朝阳区对她的期待放在心上。2020 年，面对突如其来的新冠疫情，高素梅在落实国家对中小企业帮扶租金下调或减免政策基础上，再次下调园区企业租金，帮助企业渡过难关，累计减免金额高达 2050 万元。面对园区企业的感谢，她恳切地说："疫情当前，我会与大家共渡难关！"

正是这样的并肩携手，高素梅和园区内的企业攻克了一个个

困难，发展得越来越好。作为国家文化产业创新实验区的重点园区，东亿致力于文化产业与公共文化艺术的深度融合，先后获得"国家文化产业示范基地""全国优秀文创 IP 园区""北京市服务贸易示范基地""首都文化企业三十佳""朝阳区文化产业事业融合示范园区"等荣誉，集团各公司开业至 2020 年底，累计纳税3.51 亿元。

东亿园区环境优美、建设理念前卫，还陆续引进了 20 多件雕塑作品。未来，高素梅计划将其作为公共艺术区免费向周边居民开放，让东亿成为符合产业政策、服务一方百姓的朝阳区标杆产业园。

◆ 饮水思源不忘本

荣誉来之不易，高素梅时刻提醒自己，不放松对自己的严格要求。随着越来越多知名文化传媒企业的入驻，高素梅开始思考如何加强园区内部交流、凝聚思想共识。2014 年，在高素梅的带领下，东亿产业园成立了联合党支部，定期组织参观、交流，开展组织生活。

她说："我受党教育和培养多年，我要将党建工作带到园区，带领大家一同前行。"

高素梅言行一致，与园区企业共同发展进步。同时，作为东亿国际传媒产业园的开发商、运营商和名下两家企业的 CEO，她在忙碌之余也没有忘记公益和社会责任。

高素梅虽然在大城市打拼多年，取得了一定成绩，但她没有忘记家乡。从 1996 年开始，高素梅多次深入云南、贵州山区，实地探访当地贫困家庭，向他们伸出援助之手。

2010年，高素梅得知贵州省遭受了百年不遇的旱灾，难以成眠。她随即带领企业员工组成一支捐助小组，赶赴贵州省受灾严重的毕节市纳雍县曙光乡灾区，向8个自然村的1200户受灾群众捐赠了大米、食用油及矿泉水，帮助他们渡过难关。

此外，高素梅每年都会为纳雍县考取大学的贫困学生发放助学金，帮助他们顺利完成学业。她先后为汶川地震中失去父母的孤儿、西北缺水地区"母亲水窖"工程、江西财经大学教育基金会、高德顺教育基金、聋哑儿童医学会等组织和个人捐款、捐物。不仅如此，作为朝阳区妇女儿童慈善促进会副会长，高素梅还发挥自己的优势，推进妇女儿童工作发展。截至2021年5月，她累计捐赠善款总金额达1500万元，帮扶人数超过5000人。

高素梅说："作为企业家，能为社会贡献一点微薄之力，我深感自豪。"

◇ 后 记

　　立德于心，尽责至善，正是这样的信念和理想，支持着高素梅从大山的儿女成长为优秀的企业家。作为一名文创和文化事业从业者，她以精准的眼光和不懈的坚持，打造了一片文化沃土。作为一名企业家，她对国家和社会充满了感恩之情，以点滴实践汇聚成大爱长河。高素梅说，共产党员的初心与责任，引领着企业的进步，引导着她的成长，她对这片热土爱得深沉，愿给需要帮助的人们带去更多温暖、希望和动力。

徐博 / 用文创 IP 讲中国故事

《朝阳报》记者　陈芳芳

徐博，1986 年 10 月出生于辽宁，香港中文大学社会学硕士，"凤凰计划"创业类高层次人才，北京分子互动文化传播有限公司（以下简称"分子互动"）创始人、CEO。徐博带领公司团队打造了多个原创"国漫" IP，旗下《非人哉》等作品，用 IP 链接年轻人与中国传统文化，用年轻人喜欢的方式讲述中国故事，获得了良好的口碑。

◆ 抓住机遇筑梦文创

2012 年，徐博从香港中文大学毕业并取得硕士学位后，并没有求职就业，而是直接选择了创业之路。"我在上大学时就比较喜欢社交媒体，所以一直打算在社交媒体领域创业。"徐博说。

选择在这一年创业，还有一个重要原因——徐博看到了市场机遇，"当时的社交媒体，像天涯、豆瓣已有较大的影响力，微博起步不久就有非常快的流量增长。但是在社交媒体上做营销传播的公司很少，我认为这是一片市场蓝海。"

徐博和从中央美院毕业并有设计公司经营经验的堂兄徐丁，一起探讨营销传播的创业方向，俩人一拍即合，注册成立了"分子互动"文化传媒公司。

公司成立之初，主营业务是帮客户在社交媒体上做创意、投放等全案服务，公司还首创了九宫格漫画的展示方式。"因为在社交媒体上做营销传播是新鲜事物，大的广告公司还没有这块业务，小公司也很少。所以，我们在创业初期，就可以拿到世界 500 强客户和腾讯等一线互联网公司的订单，并很快实现了盈利。"徐博介绍，由

于市场定位精准，传播形式新颖，而且抢占了先机，分子互动在创业之初进展顺利。

◆ 打造原创"国漫"IP

2015 年，"国漫"开始兴起，且越来越受到市场认可。分子互动顺势将原有营的销业务扩充，向打造原创"国漫"IP 为主的内容创作方向探索。

经过反复研讨、群策群力，分子互动最终确定了从中国传统文化中挖掘"人物"故事、打造原创 IP 的思路，并很快构思了漫画《非人哉》的雏形。在形式上，徐博选择了适合手机阅读的条漫形

式，并配有"泡面番"（3~6分钟不等的视频动画，与泡一碗方便面的时间差不多）动漫版、图书版等多种形式。

在 IP《非人哉》的基础上，分子互动后来又推出了《有兽焉》等系列"国漫"IP。这些 IP 中的"人物"都是从中国传统文化中寻找原型，讲述他们在当代生活的日常故事。"这些'人物'有一种穿越感，从古代的文化传说中而来，却生活在充满科技感、时尚感的当代，强烈的错位感自带幽默的特点。我们就是要把这种特点充分表现出来，让人们在感受轻松快乐的同时，体会中国传统文化的博大。"徐博说。

脑洞大开、笑点密集的系列 IP 一经推出，就获得了巨大流量，深受年轻人欢迎。这些漫画内容在微博等社交媒体平台及哔哩哔哩漫画、腾讯动漫等平台积累了数千万粉丝和近百亿阅读量。同时，分子互动还乘势推出了境外版本，在越南出版，并打算向日本市场进军。

依托成功的内容创作，分子互动还进行了更多的市场结合与投放，对这几部 IP 的周边衍生品生产、游戏授权、广告合作等进行了市场运作，还尝试了"国漫"电影拍摄。此外，分子互动在快消品、潮玩、盒蛋等行业进行的漫画形象 IP 孵化授权，也获益良多。其中，在潮玩衍生品业务方面，分子互动与"泡泡玛特"合作推出的"发呆哪吒"等多个系列潮玩盲盒，成为潮玩领域最知名的"国漫"IP之一。

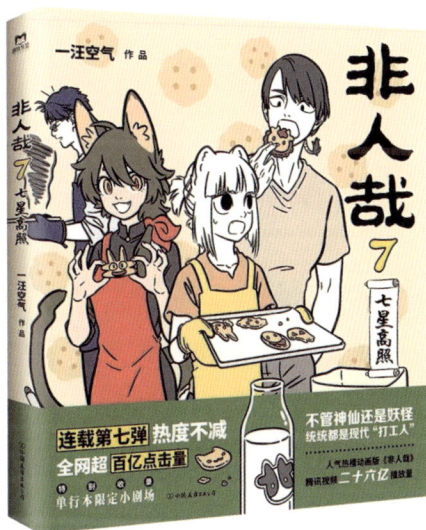

优质的产品永远是核心竞争力。分子互动在 2016 年完成天使轮融资，2018 年完成 A 轮融资，2021 年又完成了 B 轮融资，商业价值在继续增长。

"中国传统文化源远流长，现在的年轻人又很喜欢传统文化，用年轻人喜欢的漫画形式打造'国漫'IP，这方面市场前景广阔。"徐博说道。

◆ 立足朝阳面向世界

营商环境是企业生存与发展的土壤，优良的营商环境让企业发展更有信心和底气。近年来，朝阳区出台了多项文化产业扶持政策，推动包括分子互动在内的大批文创企业迅速发展。

"在风投奖励方面，公司在获得市场融资后，获得了'投贷奖'，这对我们来说不仅是真金白银的帮助，更是巨大的认可和鼓励。在高层次人才方面，我入选了朝阳区海外高层次人才'凤凰计划'，获得了资金奖励，在就医、子女入学等方面也有一些便利条件……"徐博说。朝阳区在品牌提升、风投奖励、服务平台、知识产权、文化保税等领域的扶持政策，给了企业实实在在的帮助。

朝阳区在帮助文创企业引进和稳定人才方面也起到了重要作用。根据相关政策，公司的创始人可以落实人才引进政策，公司员工办理工作居住证也能获得便利。"这对我们招募人才来说，是有利的加分项；在区里的指导帮助下，员工办理工作居住证非常便捷，这是在帮助我们解除后顾之忧。"徐博说，政府的各项扶持政策提升了公司和全体员工对未来的信心。

良好的营商环境让徐博坚定了扎根朝阳、打造最强"国漫"IP的定力。他说，他将带领团队在朝阳区这片文创沃土上，不断从中国传统文化中寻找灵感，坚定文化自信，用"国漫"IP讲好中国故事。还要立足中国，面向世界，做好文化输出，让"国漫"IP走向更多国家。

◇ 后记

互联网技术的发展，搭建了各类传播平台，而大众更为关心的是高质量、有创意、有共情点的内容创作，于是徐博带着他的《非人哉》闯入了年轻人的世界。"国漫"IP的成功，不是偶然，对市场的精准把握和对优质内容的挖掘，缺一不可，分子互动做到了两者的完美融合。传统文化是个巨大宝库，是自信的基底和源泉，而完善的 IP 运营思路则是文创产业链上的关键环节，做一个生命力旺盛且不断给人惊喜的文化公司，这是徐博的目标，也是我们共同的期待。

李诗 / 用艺术创造新可能

《朝阳报》记者　赵慧慧

　　李诗，1981 年生于内蒙古，伦敦大学金史密斯学院当代艺术史专业硕士，曾在马来西亚、英国、德国等国家工作和学习，具有丰富的跨国及跨学科交流、管理经验和非营利机构管理经验，是资深文化管理和艺术资产管理专家，慈善基金会与美术馆事业规划师。多年来，她致力于艺术教育、艺术经纪服务、艺术收藏与传承这三个专业领域的研究和实践，探索进行跨国、跨文化、跨学科的课题及商务合作，为我国艺术领域相关产业的发展贡献力量。

◆ 回"巢" 用所学深耕文化领域

18 岁时，李诗便远赴国外，开启了在异国他乡学习和工作的时光。在国外的那些年，她从一名学生成长为艺术领域的专业人才，看过了外面的大千世界，2008 年，李诗毅然决定回国发展。"我是中国人，我想用自己所学为我国文化领域的发展贡献一份力量。"李诗如是说。

2008 年回国后，机缘巧合之下，李诗参与了北京一家美术馆的改造项目，并结合区域实际，将所学用到了该项目中。"美术馆从规划到正式对外开放，一般需要几年时间。这意味着我们必须考虑到当时规划的许多东西，几年后是不是就会陈旧了、不合时宜了，所以一定要留下可继续延展和升级的空间。除了设计上的考虑，还有成本上的控制，有些设备如果几年后要换怎么办……"谈起自己最爱

　　的艺术领域，李诗眼中泛起了光。正是带着这些考量，美术馆的改造颇为成功，给前来参观的群众带来了美的享受。

　　通过这次改造，李诗也发现当时国内的美术馆、文化馆等领域的专业艺术人才还比较少，特别是在人员管理、场馆规划等方面还有很大的提升空间。这一情况更加笃定了她在文化领域深耕的决心。

◆　跨界　艺术与慈善互通

　　回国后的这些年，李诗大部分时候在朝阳区生活和工作。"朝阳区是文化大区，还有大量的外企和金融机构……我们可以在不同的领域进行交流和对话。政府也会提供建言献策的渠道，定期听取我们这些海外学人的意见。"李诗说，正是这种创新、开放的艺术环境，让她在这里实现了跨界。

李诗的第一次跨界，源自 2009—2014 年间与朝阳区一家基金会的合作。"美术馆和基金会，看起来不相关，但从本质上看，其实是相似的，都是非营利性质、注重精神价值的塑造。"李诗介绍，她把做美术馆的经验运用到了基金会管理上，通过拍卖艺术品来募集善款，用艺术的理念助推了慈善事业的发展，把财富拥有者与需要被帮扶的人连接起来。

在她的带领下，基金会将儿童教育、慈善、艺术与儿童医疗救助事业相结合，逐步建立起一个新型的慈善与社会各界接驳的平台。其间，她还主持并筹建了一家民办非营利性儿童医院，让更多的困难人群得到救助。

◆ 尝试　探索新文化经济

对于艺术以及相关领域的探索和创新，李诗从未停下脚步。

2016 年，李诗创立了创意德中艺术咨询管理机构，致力于通过艺术教育项目开发、艺术经纪服务、艺术收藏与传承等领域的工作，建立中国与全球间跨文化、跨学科的课题探讨及商务合作。

"我们国家越来越重视文化遗产的保护和传承，出台了一系列政策支持文物回流。艺术资产不仅有经济价值，还有文化价值、传承价值。一件艺术品的背后往往是一个国家和民族的历史，能带给大家强烈的荣誉感。我希望尽己所能，在市场层面协助政府完善艺术品的管理、交易、储存等系统。"李诗介绍，这家机构主要是在艺术资产管理领域建立仓储系统，设计并规划艺术综合管理体系，让艺术文化资产长久地传承下去。

同时，李诗还提出了一个概念——新文化经济。在李诗看来，新文化经济能够成为带动城市和区域发展的动力。它可以创新很多产业，是创意产业的再次升级。"比如，按照大家的惯常思维，影院需要有很大的空间。其实，有些餐厅在满足消费者就餐的同时，能够合理利用空间，将一面墙壁做成幕布，消费者在吃饭的时候也可以看电影。"李诗说，这就是一种新型消费模式。这种消费模式能够带动周边很多的年轻人消费文化产品，为他们提供精神和身体都能消遣、休息的场所。这种综合的消费模式设计，便是新文化经济转型的一种体现。

现如今，李诗时常飞往世界各地"取经"，学习新理念，并将它们带回来。她说："朝阳有很多国际化人才，有丽都商圈、望京小街，还有很多暖心、优惠的人才政策，这些环境和政策都有利于我将新理念运用到实际生活中。朝阳在不断发展变化，身处其中的我们，也跟着朝阳一起成长。"

◇ 后记

城市更新的步伐势不可挡，但对于历史和文化的积淀、传承和延展，是很多文化和艺术从业者所关注的，李诗不仅想做一名参与者，她更希望自己是一名引领者。推动艺术基础设施建设，打造更多更好的博物馆和美术馆，是基于美学欣赏和追求的基点。而将新经济形式与艺术领域结合，推动产业的升级，提供文化传播的思考和探索，则多了一份社会责任和人文关怀。

· 朝阳区人才社区 ·

朝阳区人才社区建设从 2017 年开始启动，聚焦"文化、国际化、大尺度绿化"的主攻方向，着力在人才工作国际化水平、创新创业生态、国际化生活配套和宜居环境等方面来打造人才优质发展生态。人才社区建设结合城市更新项目，通过开放共享空间、纳入艺术元素、引入智慧管理等方式，打造望京小街、丽都商圈等国际化特色示范街区。

朝阳将台地区通过实施"党建引领　城市更新　优化营商环境　精细治理　文化赋能"的商圈共商共治新模式，打造北京东部靓丽的国际商务生活区。目前，丽都商圈内有多家星级商务酒店、高端国际居住社区、外籍居民 900 余人；集聚了外资企业 55 家、港澳台资企业 30 家。这里商业氛围浓郁，人文气息独特，已形成独具特色的丽都国际商务生活区。

望京小街作为国际人才社区建设的典范，根据《首都国际人才社区建设导则》提出的建设理念，坚持以国际人才需求为导向，打造融合"国际化＋文化＋科技"的时尚特色街区。望京小街提取德国商业步行街特色元素，打造集小剧场、艺术馆等为一体的下沉庭院。引入具有国际特色的餐饮、娱乐和艺术展示形态，营造小街浓郁的国际氛围。在街区治理方面，开发建设了"小街之芯"智慧管理平台，有效地提升了城市精细化管理和智慧交通管理水平。

国际金融篇

习近平总书记指出："经济是肌体，金融是血脉，两者共生共荣。"习总书记的论述充分表明了金融作为国家重要的核心竞争力，对于实体经济的繁荣、经济社会的发展、人民群众的需要来说，具有重要意义。

国际化，是朝阳区的一张亮丽名片，近年来，朝阳区发挥国际化优势，对标国际标准，围绕国际金融、文化金融、科创金融、绿色金融、普惠金融等要素，持续建设多元化金融体系。目前，朝阳区持牌金融机构超过 1600 家，其中外资金融机构近 400 家，已经成为国际金融机构落户的首选地。全市 100% 的汽车金融公司、100% 的外资再保险公司、80% 的外资法人银行、80% 的外资及合资保险公司、70% 的国际证券交易所代表处均落户朝阳。2021 年上半年，金融业实现区级收入 51.6 亿元，同比增长 11.2%。金融业已经成为朝阳区的主要支柱产业。

根深则叶茂，本固则根荣。朝阳区的金融业与时俱进，繁荣稳定，而推动着金融业高质量发展的是诸多金融人才的贡献与智慧交汇。多年来，朝阳区不断通过金融机构的引入带动金融人才的聚集，同时加强对复合型金融人才的培养，已经成为名符其实的"国际化、创新性、高端型金融人才聚集区"。随着金融业态的丰富、不断对外开放的格局，朝阳金融人才活力迸发，他们是一支最具有国际视野、多元背景、综合素养的队伍，这支队伍为金融安全保驾护航，亦是为国家、为社会的安全稳定竭忠尽智。

吴卫军 / 做有社会责任感的审计人

《朝阳报》记者　赵慧慧

吴卫军被称为中国大陆 ACCA（特许公认会计师公会）第一人，现任德勤中国副主席，清华大学国家金融研究院兼职研究员，香港中文大学、浙江大学、对外经济贸易大学等多所高校的客座教授。2002—2003 年间，吴卫军参与并领导设计了适合中国国情的"银行改革路线图"，在公司治理、财务报告和资本重组三大领域，为深化国有商业银行改革提供了蓝图。他还著有《走在会计发展和银行改革的前沿》《资本的眼睛》，译有《银行管理要义》《值得信赖的顾问》《专业服务公司的管理》《专业主义》等作品。

◆ 中国大陆 ACCA 第一人

1988 年 11 月，作为从对外经济贸易大学毕业并留校的青年教师，吴卫军参与了英国特许公认会计师公会（ACCA）来华访问的接待工作，正是这次接待工作，给吴卫军的人生带来了巨大转变。

"ACCA 代表团中的巴瑞簸古柏（Barry Cooper）教授是个直性子的澳大利亚人。第一次见到我的时候，他就很大声地对我说：'你要考 ACCA，这是一个好机会。'说实话，当时我内心是茫然的，不知道考 ACCA 究竟能对我产生什么影响。我还想着拿奖学金去美国或英国留学。"吴卫军回忆说，那个时候，政府需要懂国际会计准则的会计师为中国企业签署国际认可的审计报告。在原对外贸易经济合作部培养国际化高端人才政策的助推下，吴卫军正式成为了 ACCA 项目的学员，并得到了去香港罗宾咸（普华永道在香港的成员所）实

习的机会。

做实习生的日子并不轻松，但在吴卫军看来却是"累并快乐着"。三年的实习生活结束后，吴卫军顺利通过了 14 门课程的考试，并拥有了三年在"全球四大会计师事务所"从事审计工作的经验，被 ACCA 接纳为会员，正式成为"中国大陆 ACCA 第一人"。

如何将所见、所学用于报效祖国，这是在外工作、求学期间，吴卫军一直思考的问题。他坚信，终有一天，他会有机会为祖国财会金融事业的发展贡献自己的力量。

"我提供的资产负债表，一定要干干净净。"

会计师的工作不容一丝懈怠。对每一个数据负责，是一名合格会计师的基本素养。

随着国家经济改革的逐步推进，为金融机构提供高质量的外部审计监督的需求日益迫切。吴卫军逐渐意识到自己在复杂金融领域的知识差距。1994 年，他选择到纽约继续深造。"初到纽约，我对国际金融市场一无所知，分辨不出什么是最惠利率、什么是联邦储备银行的抵押借款利率。当年，一位明星交易员的年收入加奖金合起来大约是 1500 万美元，是我收入的 200 倍。"回忆起初到纽约的经历，吴卫军坦言，那段在干中学的日子很艰难，但为了实现自己的抱负，他没有放弃。

除了纽约，吴卫军还到过悉尼、英国等国家工作和生活。在悉尼，他认识到"金融必须要服务实体经济"，也学会了对金融产品使用"剥洋葱"的技术进行风险分析。

2002 年，吴卫军学成归来，举家搬迁至北京朝阳。"我一直坚信我专业报国的基地在北京。"吴卫军坚定地说。

回北京后，吴卫军积极参与国有商业银行改革的事业中，参与设计银行改革路线图，为国有银行改革提供技术指导。他夜以继日地工作在第一线，为他服务的客户——中国银行摸清了家底，出具了中国银行第一份满足国际会计准则要求的审计报告，帮助中国银行于 2006 年在香港和上海股票交易所上市。

这些年，吴卫军在本职工作中兢兢业业，做出了很多成绩。他常说，他能做到的就是提供一张干干净净的资产负债表，让国家的经济发展有底气、有后劲、有自信。

◆ "让人才看见朝阳"

作为一名专业会计师，除了踏踏实实地把账做好，他还尽己所能地通过自己所担任的社会职务来实现专业报国，特别是通过各种方式、渠道"让人才看见朝阳"。

近年来，吴卫军联合朝阳区人才办创建青年精英见习计划项目，为来自世界各地的优秀大学毕业生提供实习机会。"我们创建的这个项目，使实习生可以到德勤、汇丰、西门子等世界知名企业实习，也可以到格林深瞳等朝阳区高新技术企业实习，同时还有机会到朝阳区相关的政府部门了解政府工作，了解朝阳。"吴卫军介绍说。在过去的十年中，德勤在中国内地一共招聘了2万多名应届毕业生，同时还提供了3.7万个实习岗位。以培训学习、职业发展和资源共享为主的德勤（中国）大学也已落户北京，将从2023年开始投入运营，预计每年能为国内外1.5万名青年提供学习和培训机会。目前，德勤在北京朝阳区针织路中国人寿金融中心设立了中国管理总部，拥有4000多名员工。

除此之外，吴卫军还兼任朝阳高端商务人才俱乐部主席。通过人才俱乐部，他将百余名扎根朝阳的高端商务人才凝聚在一起，定期组织高端商务人才通过座谈等方式与政府对话，为朝阳区的发展

建言献策。朝阳高端人才群发挥了领头羊的作用，将优质项目、高端产业引介到朝阳来，形成了支撑朝阳高质量发展的强大动能。

"我 19 岁的时候来到对外经贸大学读研究生，或许从那时候起，我就跟朝阳结下了不解的缘分。我十分赞同朝阳的各项人才政策，这也是为什么从 2002 年回来后，我就再也没离开的原因。"吴卫军深有感触地说，"朝阳区政府每年通过座谈会、走访企业等多种方式，面对面与企业、人才进行沟通，及时了解企业和人才发展的痛点、难点。为了给朝阳区人才创造便利，朝阳区政务服务局还出台了多项服务政策，并在望京、酒仙桥等地设立专门针对国际人才的政务服务点。"

"当前，企业经营面临许多不确定性，但在朝阳，政府和企业建立的亲情关系，让企业经营者、职业管理人和创业企业家感到温暖，感到安全。在朝阳，人才有归属感。"吴卫军说，随着更多吸引人才政策的落地，一定会有更多人才看见朝阳，扎根朝阳，和他一样为朝阳的发展贡献自己的力量。

◇ 后记

吴卫军作为中国大陆 ACCA 第一人，无论是助推国有银行改革，还是在今天担任中国工商银行、中国邮政储蓄银行审计项目的签字会计师合伙人，三十年如一日，凭借着勤奋的攀登和对专业报国的坚持，他取得的成绩是有目共睹的。于他而言，在如何更好地回馈社会、培养更多青年专业人才这条路上，还有更多的责任和寄托。

· 国际高端商务人才俱乐部 ·

　　国际高端商务人才俱乐部是由商务服务人才、国际金融人才、文化商务人才、科技商务人才、国际贸易人才、商务旅游人才6类国际高端商务人才自发成立的，主要致力于团结和服务在朝阳区创新创业的优秀国际高端商务人才，搭建交流平台，实现会员间资源共享，不断凝聚发展动力，促进商务人才的聚集，服务区域发展。后合并至朝阳区海外高层次人才协会。

张晓燕 / 勤奋成就事业　真诚成就人生

《朝阳报》记者　赵慧慧

张晓燕，生于吉林省长春市。现任蒙特利尔银行亚洲区首席风险官。"凤凰计划"第十批工作类海外高层次人才。张晓燕拥有丰富的海外学习和工作经历，在各项风险管理，包括信用风险、流动性风险、市场风险、操作风险、信息科技风险和信息安全风险等方面具有丰富的工作经验。

◆ 跨国历练　积累经验

张晓燕是东北人，从小学到大学，一路顺顺当当。高考填志愿，她根据自己的兴趣，选择了物理专业，从本科一直读到研究生毕业。

大学毕业，找一份不错的工作，似乎是大多数人的人生规划，而张晓燕却"不按套路出牌"。用她的话说，"我想去看看外面的世界。"于是，研究生毕业后，她前往英国利物浦大学攻读物理专业博士，去美国加州理工做博士后，紧接着又去了加拿大。"一次偶然的机会，我接触到了金融的量化模型，自那时候起，我便对金融产生了浓厚的兴趣。后来，我从理论物理研究转行到了金融行业。"张晓燕回忆说。

张晓燕分别在英国、美国、加拿大、新加坡等多个国家生活和工作，丰富的经历和体验开阔了她的国际视野，也培养了她在跨国、跨文化的国际环境中的组织和管理能力。她在各项风险管理领域积累了丰富的工作经验，也为她日后回国发展奠定了基础。

◆ 回到祖国　扎根朝阳

2010 年 9 月，蒙特利尔银行（中国）有限公司（简称"蒙行中国"）成立并落户北京市朝阳区。2014 年，在国外打拼多年的张晓燕申请回到国内担任蒙行中国首席风险官。

"蒙行中国落户朝阳时，区政府为了支持公司的发展，根据《朝阳区关于促进北京商务中心区金融产业发展的实施意见》和《朝阳区促进金融产业发展专项资金管理暂行办法》的规定，在我行获得营业执照当年，给予了一次性一年租金补贴。这项优惠政策，让公司受益匪浅，也促进了蒙行在国内快速发展。"张晓燕感慨地说。

让她感慨良多的还有她生活工作的方方面面。2019 年，张晓燕在办理外籍人才永久居留身份证时，对区人才服务中心的一位工作人员印象深刻，她回忆道："那位工作人员得知我的情况后，热情地向我介绍了'凤凰计划'，并鼓励我申请。在整个申请过程中，我的体验非常棒，充分感受到了区委区政府工作人员的专业、高效和敬业，同时也感受到朝阳区对人才的重视，这让我更加坚定了扎根朝阳的想法。"

2020 年初，新冠肺炎疫情突如其来，蒙行中国口罩紧缺，区发改委主动协调有口罩生产资质的厂家供货。有了这批口罩的支持，公司得以更快复工复产。与此同时，朝阳区优惠的人才政策为企业外籍员工提供了便利的子女教育、养老、就医等服务，这些暖心举措让公司的外籍员工消除了后顾之忧，更加安心、放心地投入工作，也为企业吸引更多优质人才奠定了基础。

一桩桩，一件件，让张晓燕感受到了家的温暖。她深情地说："朝阳区是我现在的家，我在这里工作、生活已经有 7 年多时

间了。朝阳区非常有朝气，国际化氛围浓厚，汇聚了国内外众多知名的金融企业，让我很有归属感。这里的环境融合了传统和现代的元素，包容且开放的文化氛围，让我在工作之外的生活也非常便利、丰富。"

◆ 回馈社会　担当责任

在朝阳工作、生活多年后，张晓燕发挥自己和企业的优势，承担了更多社会责任。

近年来，她积极促成蒙行与北京市金融工作局和中央财经大学联合筹建起北京金融风险管理研究院。

北京金融风险管理研究院是全国首家专司金融风险管理研究的机构，为金融风险管控领域国际合作提供了更为广阔的发展平

台。研究院致力于金融风险管理创新以及金融风险理论研究、金融风险管理对策探索，为北京、全国乃至世界金融风险的管控和化解提供建议和智慧，同时还建设成集国际金融风险管理高端论坛、高端风险管理人才培育、国际金融风险管理学术交流于一体的国际金融风险管理教育基地、理论研究基地和金融风险控制的智慧实践基地。

与此同时，张晓燕个人也会不定期在对外经济贸易大学、首都经济贸易大学等高校开展金融相关的讲座，她希望将自己多年来学到的知识和总结的经验，分享给更多的年轻人，为祖国培养更多优秀的金融人才，为朝阳经济的高质量发展贡献一份力量。

◇ 后 记

随着金融业高水平的对外开放，金融业态的复合型发展需求使得这个领域对具有综合背景的人才需求越来越强烈，张晓燕正是这样一位典型的国际人才。更为可贵的是，鲑鱼洄游、游子回归的故事让她的人生多了一份责任的厚重和积淀，天赋与勤奋成就了事业，而真诚与初心成就了人生。

社会事业篇

"发展为了人民、发展依靠人民、发展成果由人民共享。"人民，在习近平总书记心中重千钧。今年在庆祝中国共产党成立 100 周年大会上的讲话中，总书记也多次提及"人民"二字。社会事业直接服务于民生，关系着最广大人民群众切身利益，保障社会民主、公平和稳定，维系社会公正、体现社会公益性。推进社会事业发展，是统筹经济社会协调发展的重要任务。

让广大群众共享改革发展成果，朝阳区始终坚持以人民为中心，紧扣"七有"要求和"五性"需求，加快民生事业发展，实施教育强区战略，从保障教育规模转向提升教育质量； 推进健康朝阳建设，树立大卫生、大健康观念，从以治病为中心转向以健康为中心。目前，区内有具备全国影响力的卓越学校 10 余所，中小学实现了优质教育资源全覆盖，学前教育普惠率在 80% 以上。高层次人才总量也在不断攀升，在职特级教师队伍达到 216 人，居于全市前列； 北京市学科带头人、骨干教师共 413 人，总量占全市的 16.12%（接近 1/6），实现了我区高层次教育骨干人才队伍的新突破。在医疗方面，朝阳区拥有三级医院 22 家，占全市四分之一，率先在全市实现医联体全覆盖，是国家安宁疗护试点区和全市唯一的中医药服务贸易试点区。与此同时，国际服务功能完善的优势也不断突显，拥有 10 家中外合资合作医疗机构、16 所外籍人员子女学校，分别占到了全市的 60%、85%。

社会事业的发展靠人才，人才旺，事业兴。朝阳区各项社会事业蓬勃发展，关键在于各条战线的人才"百般红紫斗芳菲"。教育系统实施"双名工程"（名校长、名教师工程），推进国际交流，培养引进德才兼备、有国际化视野、专业素养高的好教师。卫健系统通过建立成果转化基地、人才空中走廊等多种形式招引国内外各学科拔尖人才，推进"朝医三名工程"（名医院、名学科、名医生）培育优秀人才。在社会民生事业快速发展的今天，我们拥有一支全国领先、理念超前、技术一流的队伍，他们同心协力，尽其所能为和谐朝阳建设贡献智慧和力量，提升区域公共服务国际化水平，使广大朝阳人民的获得感更加充实，幸福感更加真切，安全感更有保障。

付晓洁 ╱ 做学生成长路上的守护人

《朝阳报》记者　陈芳芳

付晓洁，1971年5月出生，中共党员，新加坡南洋理工大学教育管理硕士，现任北京第二外国语学院附属中学（以下简称二外附中）校长、高级教师。付晓洁还曾先后担任朝阳区金盏中学、北京市第十六中学校长，曾获得"北京市中小学特级校长""北京榜样""全国环境教育示范学校突出贡献人物""首都环境保护先进个人"等荣誉称号。

◆ 勇于创新的中学校长

20多年前，内蒙古小伙儿付晓洁走进朝阳区金盏中学，怀揣着对教师职业的美好憧憬开始了教学生涯，那时他是一名地理教师。

由于在大学时当过学生会干部，又是党员，在从事教师工作的同时，付晓洁还兼任校长助理的职务。经过几年的历练，1999年初，28岁的付晓洁走上了朝阳区金盏中学校长的岗位；2000年底调往北京市第十六中学；2004年，付晓洁又被调到建院附中（现二外附中）任校长，从此扎根二外附中近20年。

初接手建院附中（现二外附中）时，学校的状况并不乐观。这是一所位于城乡结合部的学校，内部管理相对薄弱，学校的社会认可度也相对较低。

学校各项工作如何提升？学校的未来发展该如何定位？对此，付晓洁花了大量时间调研，并进行了全方位教育教学创新改革。

在学校管理上，付晓洁起草了《学校课程建设纲要》《教师师德建设规范》等制度文件，建立了以数据分析为基础的决策系统，形成了合理而完善的学校管理制度。在教师队伍上，付晓洁通过搭建教师专业化发展平台、大举引进特级教师等方式，打造了一支整体

专业素养较高、结构合理的教师队伍。在课程探索方面，付晓洁组织教师按照整体性、操作性、特色化的特点将课程进行顶层设计，同时，他还激励教师创造具有现代特性、符合学生特点、高效而快乐的课堂。

经过多方改革，学校渐渐有了新面貌、新气象，受到了学生和家长们的认可和好评。

◆ 特色办学育国际人才

特色办学是学校实现内涵发展的必然途径，也是学校高位发展的标志。在学校各项工作走向正轨之后，特色办学又成为付晓洁关注的重点。

"北京是国际交往中心，朝阳区是'国际交往的重要窗口'，所以我想在学校开设外语特色课程，我认为这些特色课程可以培养学生的'国际化'视野，为学生的未来发展拓宽道路。"付晓洁说。

当付晓洁正在谋划外语特色课程方案时，学校发展迎来了新的机遇。2011 年，朝阳区教委与北京第二外国语学院（以下简称"二外"）签订合作办学协议，将建院附中更名为二外附中。目的是在朝阳区打造一所外语特色学校，探索大学与中学联合培养人才的道路。

付晓洁明白，这是依托高校资源进行外语特色课程体系建设、师资队伍培养、学生学习发展等全面合作的良机。于是，他立即着手利用二外的师资力量，在二外附中开设了初、高中外语特色实验

班、"1+3"项目实验班、中法双语班，打造了德语、阿拉伯语等多个小语种课程。还请多位二外老师到学校任教和指导，尽可能让学生"品尝"原汁原味的外语教学。

除了追求专业的外语教学工作外，二外附中也在为学生开拓实践渠道。2018年，付晓洁带领中法双语班的10名学生陪同法国总统游览故宫，就是一次成功的实践检验，学生们的学习热情也被调动了起来。"现在外语特色已经成为学校的一个品牌标签，很多有志将来从事外语行业的孩子选择到二外附中来就读。"付晓洁说道。

在开设"外语特色课程"的基础上，付晓洁还结合当前人与自然和谐相处的绿色发展理念，在学校开发了"生态特色课程"，根据学生课外锻炼的需要，开发了"体育特色课程"，并逐步形成"外语强智、生态育德、体育健身"的三大特色建设思路。"我们希望培养出身心健康、全面发展、特色明显、外语见长、有国际视野的可持续发展的学生。"付晓洁说。

◆ 坚守一线与学生共成长

为了让自己保持从教师和校长的双重视角关注孩子们的发展需求，多年来，付晓洁仍然坚持给毕业班上地理课。"教育是一个不断发展人潜能的过程，我要准确知道孩子的需求，才能给予正确的引导，从而帮助孩子实现生命最好的成长状态。我的教育理想就是为每一个孩子铺就成功之路。"付晓洁说。

自 1996 年来朝阳从教至今，付晓洁已经扎根朝阳 20 余年。"在我的从教之路上，有多位人生导师，不断矫正我的成长方向。"付晓洁说，"大望路中学原校长周振华、中医附中原校长孙文琥，他们手把手教我做校长，陪我走过做校长的磨合期，当年给我制订的'带教计划'我依然记忆清晰。北京五中原校长吴昌顺告诫我当校长要保持本色，保持个性。我是一个比较有'闯劲'的人，这也是为什么我在面对二外附中最初的问题时敢于亮剑、敢于改革。"付晓洁说道。

2017 年，付晓洁被评为朝阳区"未来教育家"培养对象，朝阳区为他安排的导师是清华大学附属中学的王殿军校长。"在跟随王殿军校长学习的过程中，我看到了博士生导师校长的睿智，看到了中国名校长的谦恭与教育家的视角，也让我看到了未来自己该有的样子。"付晓洁说道。

此外，付晓洁还入选了朝阳区"凤凰计划"高层次人才。"通过

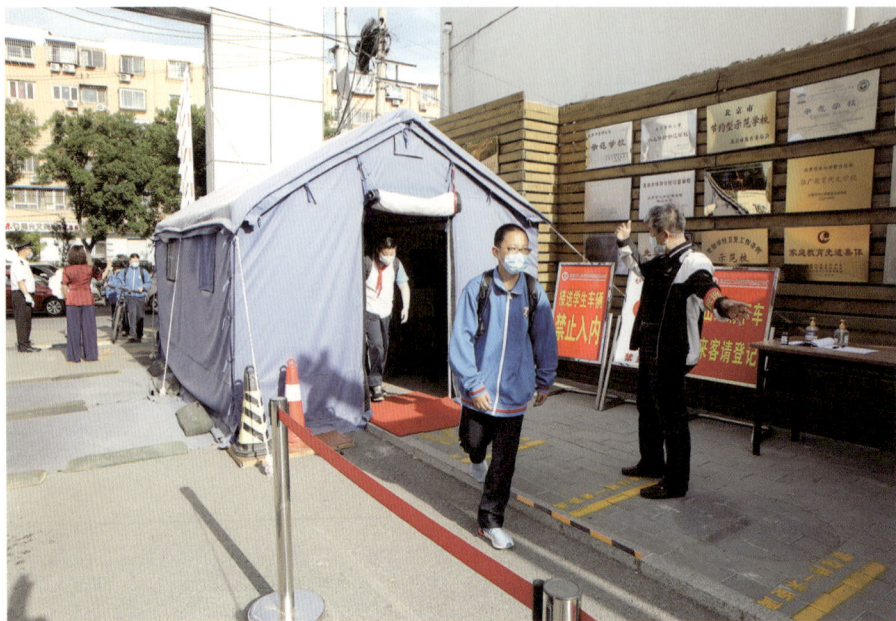

'凤凰计划'这个平台，我结识了不同领域的高层次人才，与大家的交流可以让我从各个视角来看待教育，对我优化提升自己的办学理念很有帮助。经常与大家聚会，感觉自己在朝阳也很有归属感。"付晓洁说道。

十年树木，百年树人。"因教育相遇，为更好生长。"付晓洁常把这句话放在嘴边，他认为一名校长的成长与孩子们的成长是相辅相成的，未来，他将继续坚守教育岗位，探索教书育人的规律，守护一个个生命更好地成长，做孩子们成长路上的"护林人"！

✎ 后 记

科教兴国，教育为本。随着世界局势的变革、科学技术的迭代升级、经济社会发展需求的多元化，教育发展的终身化趋势已愈发突显。在教育与时俱进的目标下，付晓洁胸有大视野，将朝阳的国际化优势发挥到最大，同时他又心怀个体，真切地关注并帮助学生成长。不忘初心，立德树人，教书育人，润物无声。他用最好的教育，成就每一个孩子。

王永光 / 以人为本　做微创医学的先行者

《朝阳报》记者　王　佳

王永光，德国医学博士、荷兰哲学博士，我国内镜外科学科的创立者，也是"微创医学理论体系"的创立者和具体实践者，被誉为"中国微创医学第一人"。现任中国科学院生物物理研究所交叉科学所重点实验室研究员、中国科学院北京转化医学研究院副院长、北京市垂杨柳医院（北京微创医院）暨清华大学附属垂杨柳医院常务副院长。曾任同济大学微创医学研究所所长。

◆ 师从"内镜外科"之父

为什么无须手术，他就能治愈阑尾炎？为什么无须手术刀，他就能完成外科手术？为什么他手术后的病人当天就能下床活动？这一切，都源于王永光的微创技术。

对于从小怀有医学梦想的王永光来说，能够成为一名医生，是件很幸福的事。1985年，王永光从西安医科大学本科毕业，成为一名外科医生，因为受到他实习时消化内镜专家李增烈老师的深刻影响以及毕业后早期接触到了关节镜技术的学习和操作，他对内镜外科技术这一在当时尚处于新兴发展阶段的技术产生了浓厚的兴趣。

"当时，内镜属于内科的检查技术范畴，要想在更大范围内学习、掌握和使用内镜技术，是非常困难的事。"王永光说道。为了能充分研究和掌握内镜技术，毕业6年后王永光放弃晋升外科主治医师的机会，从零开始，转入能有机会学习内镜技术的内科。

一个难得的工作机会，王永光认识了来中国参观交流的世界著名内镜外科创始人德国汉堡大学 Nib Soehendra（蓝庆民）教授，并在 Soehendra 教授的建议和帮助下，决心前往德国汉堡大学学习国外先进的内镜技术，于是，他成为这位称为世界内镜外科之父的世界顶级专家的首位亚裔博士研究生，开始了他的"内镜外科"临床研究之路。

自1992年，在欧洲留学5年，王永光一边在德国汉堡大学内镜外科从事临床研究，一边在荷兰阿姆斯特丹大学攻读医学哲学。

1992—1997 年，他先后在两个国家的两所大学通过博士论文答辩，取得医学博士（Dr.med）和哲学博士 (Ph.O) 双博士学位。"五年时间，不仅让我系统地接受了西方医学体系培养学习并掌握了当时世界上最先进的内镜医学知识体系和技术操作，同时，构筑了要想做好医生，先要做个好人，做事要做到好、更好、最好的思想体系，在动手能力和思想方法上，也影响了我接下来救治每一位患者。"王永光说道。

◆ 回国首创"内镜外科"

谈起博士毕业后的选择，王永光感慨良多。毕业时，作为世界顶级"内镜外科"专家的得意门生，他的事业前景非常广阔，但是，

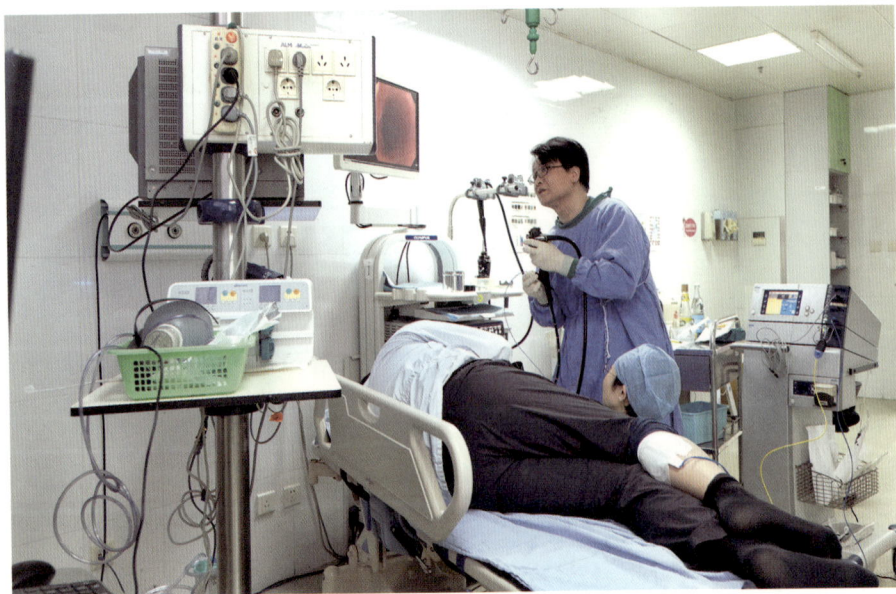

王永光毅然决然地选择了回国。

"当时国内的经济、文化、科技都在飞速发展，而我所研究的方向在国内尚属空白，有非常大的发展空间。我当时出国学习的初衷就是希望能够用先进的内镜外科技术服务于中国大众，在国家的帮助下我决定学成回国！"王永光说。

另一件事也增强了王永光回国的决心，在他进行博士答辩时，当时的驻荷兰大使馆文化参赞、驻德国大使馆文化官员也前去参加了。在答辩后，国家留学服务中心欧洲分中心的主任刘励和主动约见王永光，诚恳地邀请他回国工作，并将安排一切后续手续。"他们的真诚感动了我，也坚定了我回国的决心。"王永光说。

就这样，王永光踏上了回国之路，在我国外科学奠基人裘法祖院士的力荐下，来到北京大学人民医院，并在时任林如昱院长和医院领导的支持下，参照德国学科建设模式，创立了国内第一个内镜外科学科——北大人民医院内镜外科。

1999 年，人民医院接收了一位体重仅有 2.8 斤的早产儿患者，一直处于消化道出血状态，儿科医生在为患儿止血时束手无策。面对这一情况，王永光提出用微创手术的方法为患儿治疗。

给刚刚出生的婴儿做手术，在医学上是极其危险的，更何况是只有 2.8 斤的早产儿。在一片质疑声中，王永光最终成功实施了内镜手术，为患儿顺利止血。随后，他的微创技术也开始被大家广泛认可。

从刚出生的婴儿到 94 岁的老人，王永光帮助过许多病人，凭借高超的医术，他声名远播。经他之手痊愈的病人遍及印尼、美国、加拿大等国家。有多位外籍患者慕名而来，请王永光进行内镜手术、复诊。

◆ 提出"微创医学理论"

2003 年，由王永光创建的内镜外科发展得越来越完备，他创新性地提出了一个基于"医生围着病人转，方法根据病情选"理念的微创医学新概念，同年被引进到同济大学任教，并创立同济大学微创医学研究所，从微创技术微创医学概念发展成为一种医学理论体系——微创医学理论探索体系并实践之。

同年 10 月，在同济大学与朝阳区政府合作共建协议框架下，王永光被派遣到北京，在北京市垂杨柳医院的基础上，及微创医学理论指导下创建同济大学北京微创医院，从此，开始了他深耕朝阳的18 年。在朝阳区政府的大力支持下，他以垂杨柳医院为基地，组建我国首家以微创医学理论为指导的微创医院，为垂杨柳医院赋予了"微创"特色和"北京微创医院"的品牌，成为中国和国际上提出和实践微创医学理论的第一人。

2010 年，王永光被朝阳区评为首届"凤凰计划"工作类高层次人才。他说："朝阳肯定了我，我也希望用自己的绵薄之力为朝阳作一点贡献。"

王永光认为，"创伤"的含义不仅是身体损伤，还包括心理损伤和经济消耗。微创医学理论是以生物心理社会医学模式和中医整体观为基础构建的，其内涵包括"以人为本，以病人为主体，使其损伤最小，获益最大"的理念、"整合的医学和微创技术"和"系统中心化阶段性服务技术"重叠式的医新服务机制，简言之，就是以病人为主体，以现代临床医学上先进的微创技术为核心手段，整合同一疾病系统的内外两科和传统医学，辅以人文、心理学和所有对病人有益的方法，以达到"善待人体，关爱人心，使病人损伤最小，受益最大"的目的。

在王永光的努力下，垂杨柳医院根据微创医学理论进行了传统医学分科的改革整合，构建新的诊断治疗模式，已经初见成效。"好处显而易见，比如对于一名肚子疼的患者来说，只要来到消化中心就诊，与之关联的内、外科及相关辅助科室的医务人员就会根据他的病情会商、治疗。"王永光介绍。但他也深知，在具体实践中，各种管理和医学处置中的问题还有待进一步解决，并需要长期坚持，努力克服困难。他希望，自己提出的"微创医学理论"和"医生围着病人转，方法根据病情选"的微创医疗模式，有一天能通过健康朝阳的国际化视野，走出垂杨柳医院，走出朝阳区，走向全中国。

同一世界、同一医学，而王永光，则希望用"微创"凝聚成一种文化、一种理念，渗透到每一家医院、每一位医生，为更多的病人带去福音和关怀。

后 记

中国微创医学的奠基人，"微创医学理论体系"的创立者和具体实践者，也是"健康院"概念的首创者和生命健康安全"关口前移"的倡导者，在医学与生命健康学领域，王永光创造了许多个"第一"，这些"第一"无不伴随着他坚定的信念、无私的付出与艰苦的努力。他是学术专家，也是充满了人文关怀的医者，医疗的国际化以及医学管理的人文化是王永光的追求和理想。

阮祥燕 / 新生命的"摆渡人"

《朝阳报》记者　马宇晗

阮祥燕，1965 年 7 月出生，现任首都医科大学附属北京妇产医院内分泌科主任，中国大陆首位国际妇科内分泌学会执行委员会委员。曾荣获 2017 荣耀医者专科精英奖、中国女医师协会终身成就奖——五洲女子科技奖，多次获得全国妇幼健康科学技术类奖项。

◆ 潜心求学　砥砺精进医术

"医学路漫漫，求学无止境。"这是阮祥燕的人生信条。

受家庭的影响，1983 年，阮祥燕考入新乡医学院，立志从医。

她学科成绩优秀，是班级干部、校首批学生党员。

大学毕业后，阮祥燕在工作中坚持学习。她认为，"只有获得更多的知识，才能帮助更多的人。"1991年，阮祥燕考入西安医科大学妇产科，同时成为西安医科大学的硕士研究生，三年后又成为华西医科大学妇产科的博士研究生。

带着孩子求学，白天上班或上课，利用晚上、周末研究课题，成了那段时间阮祥燕的生活常态，晚上12点以后"钻宿舍铁门"更是家常便饭。"特别感谢那段拼搏的日子，感谢那些培养我的导师们。"阮祥燕说。

1997年，阮祥燕博士毕业，她并没有放下求学的脚步，而是再接再厉成为博士后——在重庆医科大学做高强度聚焦超声治疗妇科肿瘤研究。她的导师是著名妇产科专家顾美礼教授，指导老师是王智彪教授。

得益于之前的求学和经验积累，在超声治疗上阮祥燕得心应手，聚焦超声治疗慢性外阴营养不良的首例人类临床成功病例就是她做

的，现在这个方法已在全国推广。

1999 年，阮祥燕遇到了她的伯乐——时任北京妇产医院院长的陈宝英，并成为该院引进的第一个博士后。

◆ 精益求精　填补国内空白

一来到北京妇产医院，阮祥燕就接到了一个重任——创建更年期综合指导中心。当时，医院通过国际招标引进了与更年期相关的一系列配套仪器设备，但没人愿意放下手术刀来做这件事。阮祥燕毅然接下了这个任务。

说干就干！参照国外经验，阮祥燕带领团队率先建立了国内首个更年期综合指导中心。2002 年，北京妇产医院又在全国率先建立

妇科内分泌科（曾名内分泌诊疗中心），它也是北京唯一一家从事妇科内分泌诊疗的专科中心，为更年期与妇科内分泌相关疾病的规范管理与研究奠定了基础。

2021 年 8 月 31 日，一声嘹亮的啼哭，成为阮祥燕终生难忘的记忆。这是中国首例冻存卵巢组织移植后自然妊娠产下的孩子。这也是阮祥燕及其团队奋战和等待 10 年的成果。从 2010 年在德国留学时发现卵巢组织冻存移植技术，到建立中国第一个卵巢组织冻存库、组建团队、引入技术、临床试验……阮祥燕及其团队克服困难，不懈奋斗。

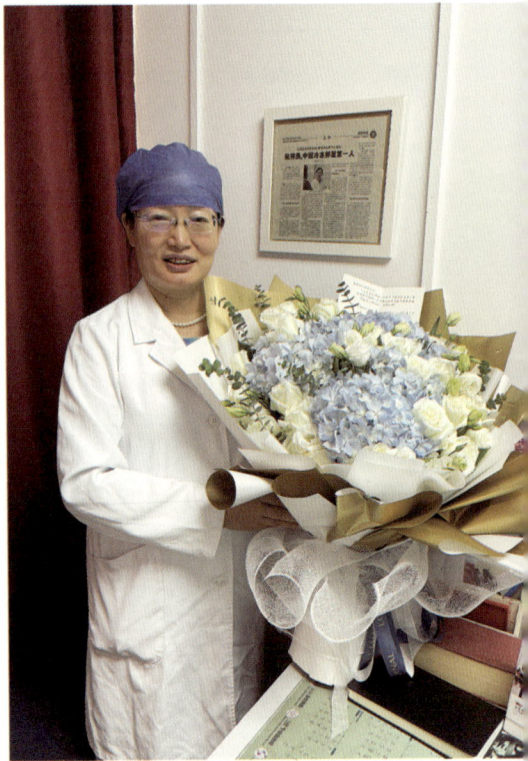

"孩子的诞生，宣布了卵巢组织冻存移植技术在中国开花结果，填补了我国生殖医学史上此项技术的空白。"阮祥燕介绍，越来越多的良恶性疾病需要进行骨髓移植或放化疗，每年有数百万年轻女性与儿童面临医源性卵巢早衰风险，而卵巢组织冻存与移植是儿童及此类育龄患者在紧急情况下进行生育力保护与保存的唯一方法。目前，北京妇产医院冻存卵巢组织移植技术已达到国际领先水平。

从事妇产科及妇科内分泌专业 30 多年来，除首次将卵巢组织冻存移植技术在中国实现临床研究向临床常规的重大成果转化，获得两项国家发明专利外，阮祥燕还带领团队在妇科内分泌、绝经及生育力保护领域走向国际。

2014 年，阮祥燕作为中国大陆第一人入选国际妇科内分泌学会委员会委员；2018 年，她成为首位入选国际绝经学会委员会委员的中国人；2021 年，她入选国际生殖医学会委员会委员，也是该委员会中第一个中国人。

◆ 身体力行　诠释医者仁心

来内分泌科就诊的患者往往有些情绪困扰，有的甚至烦躁不安。阮祥燕总是面带微笑，以十足的耐心，认真地倾听患者的声音。

阮祥燕认为，身为医生，不仅是给患者治疗身体疾病，有时候一席话、一个微笑、一个动作，都可能对病人产生很大影响。因此，她要求自己必须每天保持饱满、积极向上的精神面貌。

"20 岁我便入了党，现在党和国家给了我们这么好的环境，作为一名党员医务工作者，就是要不断钻研、治病救人、培育新人，这是我义不容辞的三大使命。"阮祥燕如是说。

近年来，除了在国内组织国际医学学术交流会议，担任硕士生导师、博士生导师，阮祥燕还经常在全国开展线上线下讲座、义诊等。新冠肺炎疫情暴发以来，她推出了关于"卵巢组织冻存移植"的视频讲座，供临床医生免费学习观看，向医务工作者、癌症患者、年轻女性等群体传递卵巢保护前沿医学技术，普及科学知识。

阮祥燕还常到朝阳区妇幼保健院、太阳宫社区卫生服务中心坐诊，并开设更年期保健工作室，帮助基层医院建立内分泌科、组建团队、提高技术。2019 年，阮祥燕入选朝阳区"凤凰计划"海外高层次人才，这个称号对她来说，不仅是一种荣誉，也多了一份认可和归属。

阮祥燕说，未来，她将继续致力于专业领域的研究与知识、技术的普及推广，并像自己曾经的导师一样，不遗余力地培育时代医学新人。

◇ 后 记

古人云："夫医者，非仁爱之士，不可托也；非聪明理达，不可任也；非廉洁淳良，不可信也。"按照这个标准，阮祥燕绝对是仁心医者，大爱无疆。对学业的追求和精进，对科学的执着与探索，对生命的珍视和尊重，对生活的热忱与感恩，造就了阮祥燕的严谨专业，同时又兼具包容和善，在她的引领和传承下，将会给世界带来更多可爱的生命。

陶勇 / 凤凰涅槃　向光而行

《朝阳报》记者　张慧娇

陶勇，1980 年出生于江西省抚州市，北京大学医学部医学博士，首都医科大学附属北京朝阳医院眼科主任医师、博士生导师、教授。心怀大爱的陶勇，不仅为患者送去了光明，更为他们带来了温暖和希望。

◆ 守护光明的白衣天使

"我相信，每一双眼睛的背后，都是光明。"

这是写在陶勇医生的书——《目光》封面上的一句话。作为眼科

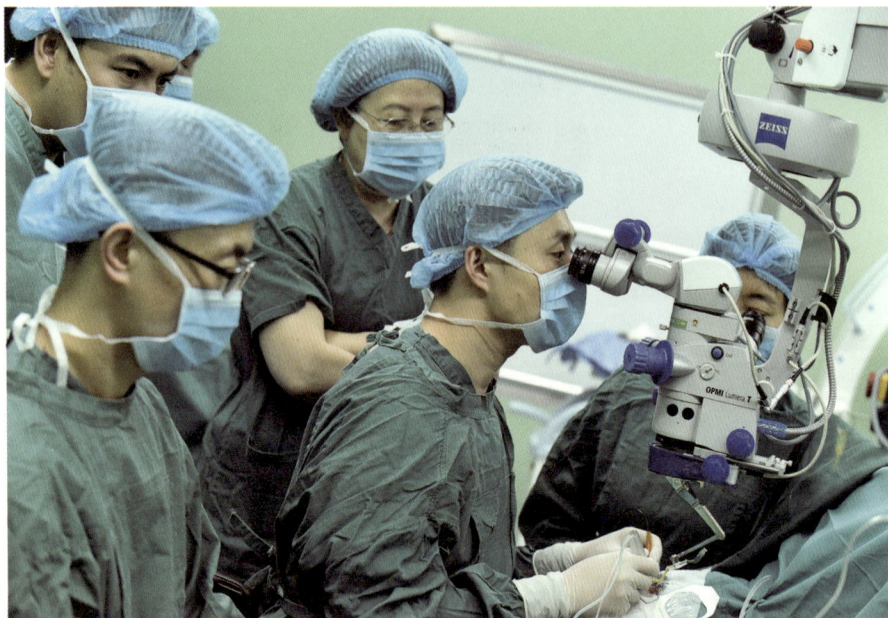

主任医师，光明和温暖是他给予患者最多的关怀。

　　陶勇于1997年考入北京大学医学部，师从我国眼科四把刀之首、中国现代玻璃体手术开拓者之一的黎晓新教授，28岁那年他在北京大学医学部医学博士毕业。

　　毕业后，陶勇实现了年少时的梦想，成为一名医生。35岁成为主任医师；37岁担任博士生导师；40岁出头的年龄，发表SCI论文92篇、中文核心期刊论文62篇，还主持着多项国内外科研基金……学术底蕴深厚的陶勇，成为葡萄膜炎及眼底疑难疾病领域最年轻的顶级专家。几乎全国的疑难患者，都将希望转向陶勇。在他的带领下，朝阳医院眼科成了葡萄膜炎患者的目的地。

　　用陶勇的话来说，如果把眼球比作一部照相机，他主攻的便是胶卷底片，"葡萄膜炎会引起不可逆的致盲，也是目前致盲的主要原因和难题。无论是在诊断还是研究方面，我们都投入了很大精力。"

"在我选择葡萄膜炎这个专业的时候，就知道这是一块难啃的骨头，但越难我越觉得有意义、有价值。"怀有使命感的陶勇，在治病救人的道路上不断前行。

◆ 播撒希望的公益使者

因 2020 年暴力伤医事件受伤，不得不离开手术台的陶勇，把自己过去"医疗、教学、科研"的传统医教研模式转换成"科技、科普、公益"模式。曾经致力于为患者带来光明的他，如今，也将播撒公益之光作为己任。

"今天是六一儿童节，在这个特殊的日子里，有一群特殊的孩子，他们看不到五颜六色的世界，但是他们并没有放弃过。他们是一群可爱的盲童。今天，让我们一起为这些特殊的孩子们，发出我们的呼吁和关心。"2020 年六一儿童节当天，陶勇在直播间主持了一场"光明天使关爱盲童公益直播活动"，那是他第一次参加公益直播项目。共有接近 150 万名网友观看了陶勇医生主持的这场在线公益直播，并有不少人献出了爱心。陶勇自己也带头为盲童捐出了"白衣战士天使基金"授予他的 10 万元资助金。

2021 年 3 月，陶勇联合阿里健康公益等爱心企业，邀请十几位视障人士和北京市盲人学校"乐之光"艺术团的盲童，共同完成了一场"梦想追光"的音乐分享会直播。陶勇介绍，"乐之光"是一个特殊的合唱团，队员全部是盲童，他们靠除视力之外的其他知觉听乐谱、记歌词、唱不同声部。尽管没有视力，却一点也不耽误他们排演新歌。

陶勇能感觉到每个孩子的开心："希望这些活动，让他们的心通过音乐插上快乐的翅膀，忘记盲人的痛苦，沉浸在音乐的美好世界中。"

谈起筹办活动的初衷，陶勇表示，他心中有一个梦：组织盲童合唱团做公益演出，为盲人群体发声，让这些失去光明的人拥有一技之长，顺利融入社会，自食其力地生活。陶勇说，他把这一行动命名为"光·盲计划"，希望能带动更多爱心企业和社会机构对盲人，尤其是中途失明者提供包括信心重建、独立生活训练、音乐艺术浸养、升学教育乃至未来就业在内的系统公益计划，帮助他们融入社会和实现自我价值。

在陶勇看来，自己心里有光明，才能给病人带去光明。

◆ 恪守信仰的人才导师

"凤凰鸣矣，于彼高冈；梧桐生矣，于彼朝阳。"《诗经·大雅》中的这句诗，意为凤凰在早晨的阳光中鸣叫，用来比喻人才得到了施展才华的好机会。

对于 2018 年入选朝阳区"凤凰计划"工作类高层次人才的陶勇来说，"凤凰"这个词象征着希望。"朝阳区是一个人才聚集的地方，'凤凰计划'吸引了一批具备较高专业素养和丰富海外经历的优秀科技创新人才和产业领军人才。朝阳区为我们提供了资金支持、政策服务并搭建交流平台，无论是在创业还是本职工作方面，都为我们提供了很多机会。"

以前的陶勇用医术救人，如今的陶勇除了医术，还在利用自己的影响力，去帮助更多的人。作为朝阳区凤凰学院的一名导师，陶勇为大家带来的第一堂课的主题为"职业信仰与无限游戏"。

"现在这个社会是多元化的社会，尤其是在充满机会和选择的朝阳，当你陷入迷茫的时候，一定要找到自己的方向……"陶勇说，每一个人在职业和工作方向上会有很多选择，尤其是那些能力比较强的

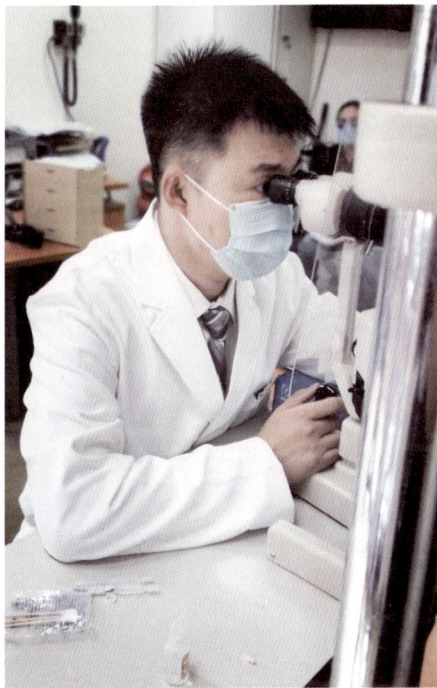

人才，常常会陷入迷茫的状态。陶勇通过分享自己从医以来获取的职业信仰和人生价值，让大家逐梦的同时随时有光的指引。陶勇说，这是他的初心。

乐观的陶勇依旧用自己的光和热温暖着身边的人，也感受到了朝阳医院党组织给予他的关怀和温暖。在党组织的培养教育下，他秉承为人民服务的职责与使命，把个人理想与时代要求紧密相连。2020 年 1 月，陶勇光荣地加入了中国共产党。

"对我来说，作为一名医生和一名共产党员的最大价值就是要用医术回报人民、回报社会，努力在医疗岗位上作出成绩，为人民群众提供更多优质健康的服务！"陶勇坚定地说，希望包括医生在内的所有从业者能够向光而行，就像朝阳一样，向着希望进军，向着光明扬帆远航。

◇ 后 记

凤凰涅槃，浴火重生。这句话放到陶勇身上再合适不过了，在人生的缺憾背后更多的却是人性的力量。深厚的学术底蕴，过硬的专业，精湛的医术，让他为很多患者送去了光明。而自我疗愈的本心，不畏艰难的恒心，坚持不懈的公益初心，则让他为更多人送去了温暖和希望。

· 凤凰学院 ·

为支持国际人才创新创业，也为其学习交流、提升能力提供服务，营造滋养人才成长、发展的良好环境，朝阳区建立了以凤凰学院为主的人才培训体系。凤凰学院依托朝阳区"凤凰计划"和海外人才创业大会（OTEC）多年聚集的人才、项目、资本等优质资源，邀请行业资深专家、创投机构合伙人、"凤凰计划"人才作为导师，为海归创业者提供创业课程培训、实践走访交流及创新创业政策咨询等帮助。课程内容包括科技前沿分享、产品技术、法律、营销、人才招聘、财税、创业政策等。至今已经完成七期学员培训，200 名学员顺利毕业。

跋

>>>>>>>

正如习近平总书记强调的那样："办好中国的事情，关键在党，关键在人，关键在人才。"千秋基业，人才为先。朝阳区作为我国国际交往的重要窗口，多年来，依托独特的资源优势和发展基础，坚持"人才优先发展，人才引领发展"的理念，全面构建国际人才政策体系，有效地促进了区域经济社会高质量、可持续发展。

2009 年，朝阳区开始实施引进服务海外高层次人才的"凤凰计划"。2015 年，朝阳区又启动实施国际高端商务人才评审认定。十余年的励精图治与不懈努力，保障了朝阳人才强区战略的深入推进，引进培养了一批又一批国际人才，形成了今天朝阳区"人才兴，事业兴"的生动局面。

2021 年，注定是载入史册的一年，"十三五"完美收官、"十四五"开启新篇，中国共产党建立 100 周年，中央人才工作会议召开……处在历史的重要节点，我们需要总结过往，再次扬帆起航。《凤栖朝阳》将十余年来朝阳区人才工作的部分个案呈现给读者，每一个人才成长发展的故事，都是最生动鲜活的人才工作案例。透过他们的创新创业经历，以及与朝阳互促共融的故事来展现朝阳区营造的人才发展生态，也启发我们思考如何更好地激发人才活力。短短一篇文章不足以道尽一个人全部的成长与发展经历，姑且作为一个引子，期待大家走近人才、了解人才、助力人才。

事实上，朝阳区人才工作成绩的取得是社会各界支持、鼓励和帮助的结果。在这里，我们向所有关心朝阳人才工作的同志们致以真诚的感谢！在本书创作和出版过程中，也得到了很多人才朋友、各界同仁的鼓励与帮助。其中，《朝阳报》记者深入采访人才，将他们的事迹形成故事，各位受访人才及企业，在材料撰写、资料提供等方面也给予了大力支持……为本书付出努力的朋友还有很多，难免挂一漏万，在此，一并致以诚挚的谢意。

由于时间较紧，水平所限，本书的编写难免存在一些疏漏、不完善和不妥之处。期待读者提出宝贵意见并予以指正。

本书编写组

2022 年 3 月 1 日